これからの介護・福祉事業を担う経営"人財"

基礎編II

介護福祉経営士テキスト

第4版

介護報酬制度／
介護報酬請求事務
基礎知識の習得から実践に向けて

小濱道博

監修　一般社団法人日本介護福祉経営人材教育協会

 日本医療企画

● はじめに

介護報酬制度と請求事務の 正しい理解に向けて

　介護保険法が平成 12 年に施行されて 20 年が経過しました。特に 2015 年は過去最大規模の介護報酬改定が行われ、2018年、2021年は微増のプラス改定となっています。新しい加算・減算が毎回のように追加され、算定基準の内容も毎回変わっています。しかし、介護報酬を解説する専門書籍は非常に少なく、介護報酬の請求事務を学ぶためには専門学校に通うか通信教育を受講するしか手段がない状況です。

　このような状況のなかで、実地指導における介護報酬の返還指導は後を絶たず、不正請求とされる金額も年々増加しています。その内容は、明確な不正もある中で、その多くは加算の算定要件を満たしていないという理由での返還指導をされています。せっかく、頑張って提供した介護サービスの対価である介護報酬が単純な報酬の算定要件の知識不足、確認ミス等で返還となることはあってはなりません。これは事業者に介護報酬算定の正しい知識があれば容易に防げるものです。

　介護サービス事業は、国の定めた基準を満たして初めて許認可される許認可事業です。法律の定めで許認可を受けた限り、法律を知らないでは済まされません。誰が教えてくれるものではなく、自己責任に於いてコンプライアンス体制を構築する義務があります。その中にあって、介護報酬は3年に一度の頻度で改定が行われます。常に新しい知識と理解が求められるのです。

　本書は「介護報酬専門書」として、資格テキスト以外でもご活用頂けることを想定しています。この書籍によって正しい介護報酬の知識を習得して頂き、実地指導における報酬の返還指導の低減に繋がることができれば幸いです。

小濱道博

CONTENTS

第 1 章
介護報酬の仕組み

介護報酬とは

1 介護報酬の定義

　介護報酬（介護サービス費）とは、介護事業者が要介護および要支援者である利用者に対して介護サービスを提供した場合に、その対価として介護事業者に対して市町村から支払われる、介護保険法に規定する介護給付費のことをいいます。介護報酬は介護サービスの種類ごとに設定されており、基本的なサービス提供に係る費用である「基本報酬」と、各事業所のサービス提供体制や利用者の利用状況に応じて支払われる「加算および減算」を組み合わせて算定する仕組みです。

　介護報酬は3年に1回の頻度で改定が行われます。介護報酬の改定の手続きとしては、介護保険法の定めによって厚生労働大臣が社会保障審議会の中の介護給付費分科会の意見を聞いて定めることとされています。

図表1-1●認定申請からサービスの提供、介護報酬の給付

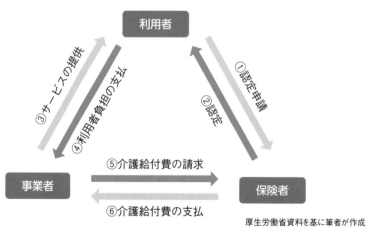

厚生労働省資料を基に筆者が作成

　介護報酬は診療報酬のような点数制ではなく、単位で表されます。単位は全国一律で1単位10円です。しかし、このままでは東京23区等の人件費が高い地域と低い地方とで不公平が生じます。この支払額の地域格差を、地域区分によって是正しています。介護給付には利用者の要介護度認定に応じた月の支給限度基準額という給付の上限金額があります。その範囲内で所得に応じて7～9割が介護保険で賄われ、残りの3～1割が自己負担となります。月の支給限度額を超えた部分は利用者が100％自己負担することで介護保険同様にサービスを受けることができます。

図表1-2●支給限度基準額

要介護度	支給限度額
要支援1	5,032単位／月
要支援2	10,531単位／月
要介護1	16,765単位／月
要介護2	19,705単位／月
要介護3	27,048単位／月
要介護4	30,938単位／月
要介護5	36,217単位／月

厚生労働省資料を基に筆者が作成

図表1-3●介護保険の負担割合

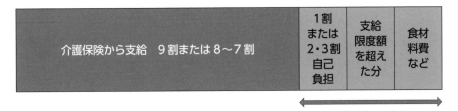

厚生労働省資料を基に筆者が作成

　介護報酬の財源となる介護保険料の負担は、その全額が国費で賄われる措置制度のような「公助」のシステムではありません。公費として国が25％（調整交付金5％含む）、都道府県が12.5％、市町村が12.5％を負担し、残りを保険料として第1号被保険者（65歳以上）が

23%、第2号被保険者（40歳から64歳）が27%負担するという「共助」のシステムとなっています。

図表1-4●介護保険財政

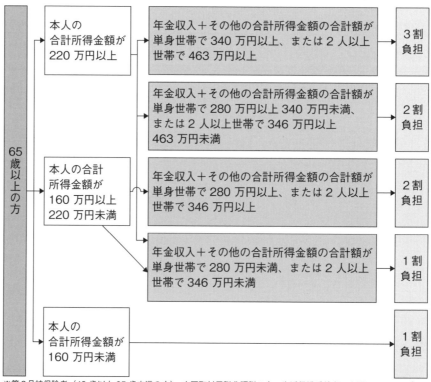

第2号保険料
27%

国
25%

都道府県
12.5%

市町村
12.5%

第1号保険料
23%

厚生労働省資料を基に筆者が作成

図表1-5●利用者負担の判定の流れ

65歳以上の方	本人の合計所得金額が220万円以上	年金収入＋その他の合計所得金額の合計額が単身世帯で340万円以上、または2人以上世帯で463万円以上	3割負担
		年金収入＋その他の合計所得金額の合計額が単身世帯で280万円以上340万円未満、または2人以上世帯で346万円以上463万円未満	2割負担
	本人の合計所得金額が160万円以上220万円未満	年金収入＋その他の合計所得金額の合計額が単身世帯で280万円以上、または2人以上世帯で346万円以上	2割負担
		年金収入＋その他の合計所得金額の合計額が単身世帯で280万円未満、または2人以上世帯で346万円未満	1割負担
	本人の合計所得金額が160万円未満		1割負担

※第2号被保険者（40歳以上65歳未満の方）、市区町村民税非課税の方、生活保護受給者は上記にかかわらず1割負担

出所：厚生労働省資料

2 介護報酬の算定構造①

1 基本報酬

　介護報酬は、基本報酬と加算との二層構造となっています。基本報酬は、基本的なサービスの提供に係る費用なので、サービスの質等に関係なく定められたサービスを定められた時間で提供することで請求できる介護報酬です。

　しかしながら、ただ単にサービスを提供すればよいわけではなく、ケアマネジメントプロセスに基づいて、計画書、議事録、報告書等の記録を残すことが求められています。この記録がない場合はサービスの実施、ひいては介護報酬の請求の根拠を失うこととなります。

(1) ケアマネジメントプロセス

　ケアマネジメントプロセスは、すべての介護サービスに共通する重要な概念です。このプロセスを理解していない場合、介護報酬の基本報酬の算定要件や加算・減算等の規程が理解できません。

　実地指導における介護報酬の返還指導等は、その多くがケアマネジメントプロセスに従っていないことからくるものです。

　各サービスのケアマネジメントプロセスは、解釈通知である「老企第25号」および「厚生省令第37号」等に記載されているとおりです。ケアマネジメントプロセスは**図表1-6**のようなサイクルで行われます。

図表1-6 ●ケアマネジメントプロセス

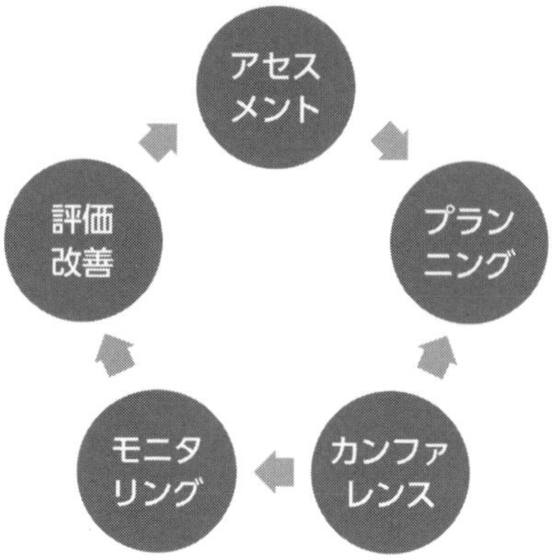

筆者作成

①要介護者の能力・環境の評価を通じて、抱えている問題を明らかにし、支援する上で解決すべき課題を分析・把握（アセスメント）します。

②総合的な援助方針、目標を設定するとともに、①に応じた介護サービス等を組み合わせて介護サービス計画を策定します（プランニング）。

③アセスメントおよびプランニングについて、事業所内のケアカンファレンス等により支援に関わる専門職間で検証・調整し、認識を共有した上で（多職種協働）、介護サービス計画を策定します。

④介護サービス計画に基づくサービスを実施するとともに、継続的に目標の達成状況、それぞれのサービスの実施状況や要介護高齢者の状況の変化等を把握（モニタリング）し、ケア内容等の再評価・改善を図ります。

（2）サービス提供の流れと請求

　訪問介護サービスを例にとってケアマネジメントプロセスと請求の関係を説明します。自分のサービス名に読み替えると分かりやすいでしょう。

　訪問介護事業所はアセスメントの後に、居宅介護支援事業所のケアマネジャーが作成する居宅サービス計画（居宅で暮らす人の介護サー

ビス計画のこと。以下、ケアプラン）に基づき、訪問介護計画原案を
作成します。この後担当者会議を経て正式な訪問介護計画書をサービ
ス提供責任者が作成します。これを利用者または家族に説明し同意を
得ます。同意は、その証としての署名または記名捺印によって記録さ
れ、控えを利用者または家族に交付します。その後、実際にサービス
の提供を行います。このプロセスの前後の入れ替えはありません。サー
ビス提供開始の後に訪問介護計画を作成して説明同意を得るという事
後同意などは認められません。

　すべての介護サービスは、上記の例の訪問介護計画書と同様に個別

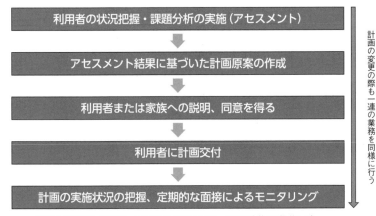

図表1-7●個別の居宅サービス計画作成の流れ

利用者の状況把握・課題分析の実施（アセスメント）

↓

アセスメント結果に基づいた計画原案の作成

↓

利用者または家族への説明、同意を得る

↓

利用者に計画交付

計画の変更の際も一連の業務を同様に行う

厚生省令37号　第24条、第70条、第81条、第99条、第115条、
第129条、第147条、第184条

筆者作成

図表1-8●施設サービス計画作成の流れ

利用者の状況把握・課題分析の実施（アセスメント）

↓

アセスメント結果に基づいた計画原案の作成

↓

利用者または家族への説明、同意を得る

↓

利用者に計画交付

↓

計画の実施状況の把握、定期的な面接によるモニタリング

計画の変更の際も一連の業務を同様に行う

厚生省令第39号 第12条、老企第43号 第4の10、厚生省令第40号 第14条、
老企第44号 第4の12、厚生省令第41号 第15条、老企第45号 第4の11

筆者作成

援助計画書を作成して説明・同意を得た後でないと実際のサービスに入ることができません。これは、個別援助計画書を作成して説明同意を得る以前に提供された介護サービスは、介護報酬の請求ができないということです。

利用者または家族に説明・同意を得ると、この訪問介護計画に基づいて訪問介護員（ホームヘルパー）が利用者にサービスを提供します。

実際のサービス提供の後に、具体的な記録としてサービス提供記録が作成されます。サービス提供記録は、提供した具体的なサービスの内容等を記録するものであるとともに、利用者側からの申出があった場合には、文書の交付その他適切な方法により、その情報を利用者に対して開示しなければならないとされています。記録すべき記載項目は①サービス提供日、②サービス提供時間（実時間）、③サービス内容、④提供者の氏名、⑤利用者の心身の状況、⑥その他（送迎時間等）、とされています。この記載内容が介護報酬の請求根拠となりますので、実地指導においてもサービス提供記録に基づいて、提供サービスの内容と妥当性の確認がなされることとなります。

訪問介護計画書には、その介護計画の到達点である「目標」が書かれています。この目標は、訪問介護事業所が行うアセスメントとケアマネジャーのケアプランに基づいて設定されます。この目標が達成されたと評価された時点で、その訪問介護計画は役割を終えます。以降は、新たな目標設定のためのアセスメントを行った後に、新たな目標を定めた訪問介護計画書を作成し、利用者または家族への説明・同意とその証として署名または記名・捺印による記録というケアマネジメントプロセスを繰り返します。

介護計画書の目標が達成されたか否かの評価を行う作業をモニタリングといいます。モニタリングを行う頻度に定めはありませんが、適切にサービスが行われているか、利用者の状態に変化が生じていないかなどについて１〜３カ月ごとに行うことが求められます。モニタリングの主な評価項目は①目標の達成度、②プランに基づいたケアが実施されているか、③利用者や家族のニーズはどうか、④サービス担当

者の意見、評価、要望、⑤利用者の状況の変化、となります。

　なお、訪問介護計画書を作成する時期は、利用者の新規契約時、指定更新時、区分変更時、状況に大きな変化があった場合、そしてモニタリングの結果として目標が達成されたと評価された時点です。

3 介護報酬の算定構造②

1 加算

　介護報酬の算定は、基本報酬に各種の加算を積み上げる仕組みになっています。基本報酬の部分はケアプランに定められたサービスの提供で報酬を請求できますが、加算の算定のためには、介護サービスごとの算定基準を満たした上で役所に届け出ることが必要です。

　加算には2つ種類があります。算定基準に定められた体制が整ったときに算定できる「体制加算」と、ケアプランおよび通所介護計画に定められたサービスを実施することで算定できる「実施加算」です。前者にはサービス提供体制強化加算、個別機能訓練加算などが該当し、後者には入浴加算などが該当します。

　加算は「介護給付費算定に係る体制等状況」を届け出た上で算定します。適正な支給限度額管理と、利用者や居宅介護支援事業者に対する周知期間を確保するため、届出が毎月15日以前になされた場合には翌月から、16日以降になされた場合には翌々月から加算の算定が開始されます。

　加算の算定基準は届け出後も常に満たしている必要があり、事業所の体制等が加算の算定要件を満たさなくなった場合は、その旨を速やかに届け出る必要があります。その場合の加算の算定は、基準に該当しなくなった日もしくは月から行うことができません。

2 減算

介護報酬は、定められた基準を満たさなくなった場合で一定の条件を下回る場合は、定められた規定に従って介護報酬額を減算します。定められた基準を満たさなくなった場合は速やかに「介護給付費算定に係る体制等状況」を届け出ます。届出を行わず請求を行った場合は不正請求となり、支払われた介護給付費は不当利得として返還請求を受けます。悪質な場合には指定の取消しとなることもあります。近年は単純に報酬を差し引くための減算も増加しています。

3 計算上における端数処理

単位数の計算では、基本となる単位数に加減算の計算（何らかの割合を乗ずる計算に限る）を行うたびに小数点以下の端数処理（四捨五入）を行います。つまり、絶えず整数値に割合を乗じていく計算になります。次に、算定された単位数から金額に換算する際に生ずる1円未満（小数点以下）の端数については「切り捨て」となります。

4 体制等状況届の事後調査の実施

「介護給付費算定に係る体制等状況」届の記載事項については、その内容が適正であるかどうかの調査が主に実地指導の中で行われます。

届出の時点で加算の算定要件に合致してないことが判明し、指導の上で改善がみられない場合には、届出の受理の取消しが行われます。その届出はなかったことになるため、それまでに行った加算請求の全体が無効となり、受領していた介護報酬は不当利得として返還措置を受けます。悪質な場合には、指定取消しの行政処分となります。

5 地域区分

　地域区分は、介護サービスの提供に要する費用としての介護報酬の内訳のうち直接介護サービスに当たる職員の人件費相当分について、国家公務員の調整手当を基本として地域差を勘案するために設けられた仕組みです。

　地域区分には人件費相当分のみが勘案されていて、物件費・土地代・減価償却費は入っていません。なお、介護報酬単価10円に対して、サービス種類ごとの人件費割合に地域割りごとの上乗せ割合を乗じて、報酬単価を割り増しする仕組みです。

図表1-9●地域区分とその割合

		1級地	2級地	3級地	4級地	5級地	6級地	7級地	その他
上乗せ割合		20%	16%	15%	12%	10%	6%	3%	0%
人件費割合	70%	11.40円	11.12円	11.05円	10.84円	10.70円	10.42円	10.21円	10.00円
	55%	11.10円	10.88円	10.83円	10.66円	10.55円	10.33円	10.17円	10.00円
	45%	10.90円	10.72円	10.68円	10.54円	10.45円	10.27円	10.14円	10.00円

人件費割合70%のサービス	訪問介護／訪問看護／訪問入浴介護／夜間対応型訪問介護／居宅介護支援／定期巡回・随時対応型訪問介護看護
人件費割合55%のサービス	訪問リハビリテーション／通所リハビリテーション／認知症対応型通所介護／小規模多機能型居宅介護／看護小規模多機能型居宅介護／短期入所生活介護
人件費割合45%のサービス	通所介護、短期入所療養介護、特定施設入居者生活介護、認知症対応型共同生活介護、介護老人福祉施設、介護老人保健施設、介護医療院、地域密着型特定施設入居者生活介護、地域密着型介護老人福祉施設入所者生活介護、地域密着型通所介護

厚生労働省資料を基に筆者が作成

6 負担限度額

　介護施設サービスを利用する場合には、食費・居住費といったホテ

ルコストが全額自己負担となります。このホテルコストが低所得者の負担増にならないように、利用者の所得に応じて負担限度額が設けられています。

　施設との契約により定められた利用者負担額から負担限度額を差し引いた額が「特定入所者介護（支援）サービス費」として介護保険から支給されますので、低所得者は負担限度額までが自己負担金額となります。この制度の対象になるのは、利用者負担段階が第1段階から第3段階の利用者です。ただし、第4段階の利用者でも一定の要件を満たせば認められる特例があります。

図表1-10 ●負担限度額

利用者負担段階	対象者
第1段階	・世帯員全員が市町村民税非課税で、老齢福祉年金を受給している者 ・生活保護を受けている者
第2段階	・世帯員全員が市町村民税非課税で、本人の合計所得金額と課税年金収入額の合計が80万円以下の者（課税年金：平成28年7月迄は障害年金や遺族年金などの非課税年金以外の年金）
第3段階①	・世帯員全員が市町村民税非課税で、利用者負担第2段階に該当しない者
第3段階②	・年収120万超のもの
第4段階	・本人が市町村民税非課税で、世帯の中に市町村民税課税者がいる方 ・本人が市町村民税を課税されている者

第3段階①550万　第2段階650万。配偶者も市町村民税非課税であり預貯金等が単身で500万円、夫婦で1,500万円以下であること。世帯分離は不可。（第3段階②の場合）

利用者負担段階	食費	居住費				
		多床室	従来型個室（特養）	従来型個室（老健、療養）	ユニット型準個室	ユニット型個室
基準費用額	1,445円	840円	1,150円	1,640円	1,640円	1,970円
第1段階	300円	0円	320円	490円	490円	820円
第2段階	600円	370円	420円	490円	490円	820円
第3段階 ① ②	1,000円 1,300円	370円	820円	1,310円	1,310円	1,310円

基準費用額は施設における平均的な費用を勘案して国が定めた費用額で、施設によっては、利用者負担額が基準費用額と異なる場合があります。

厚生労働省資料を基に筆者が作成

　負担限度額の利用手続きは、負担限度額認定申請をして認定を受けることが必要です。認定の有効期間は、原則として申請日の属する月の初日から毎年7月31日までとなります。認定を継続するためには、更新の申請を行う必要があります。認定基準は、前年の世帯の課税状況並びに本人の所得と課税年金の合計額によって判断されます。対象となるサービスは①介護老人福祉施設（居住費・食費）、②介護老人保健施設（居住費・食費）、③介護療養型医療施設（居住費・食費）、④短期入所生活介護（滞在費・食費）※介護予防を含む、⑤短期入所療養介護（滞在費・食費）※介護予防を含む、⑥地域密着型介護老人福祉施設入所者生活介護（居住費・食費）、となっています。

4 介護報酬の算定構造③

1 生活保護

　生活保護法の規定による「介護扶助」が適用されるものは、居宅介護と介護予防になります。生活保護の適用を受けている居宅サービス利用者は、ケアプランを自己作成することはできません。必ず、居宅介護支援事業所のケアマネジャーが作成した居宅介護支援計画または地域包括支援センターが作成した介護予防支援計画に基づき、介護サービスの提供を受ける必要があります。

　生活保護法の介護扶助は、介護保険の給付対象サービスにおいて介護保険が優先適応され、残りの本人負担1割がその扶助の対象となります。介護サービス事業所が生活保護対象分の介護報酬の請求をするためには、その旨の市町村への届出が必要です。

　介護報酬の請求事務では、毎月末に福祉事務所より介護事業者宛に生活保護の該当利用者分の「生活保護介護券」が送付されます。介護券に記載された「有効期間」内に提供した介護サービスの1割自己負担分を公費分（生活保護の対象）として請求します。

　ただし、生活保護対象者だからといって介護報酬の自己負担分の全額が公費で支払われるとは限りません。支払い能力等に応じて本人負担額が発生する場合がありますので、毎月必ず「生活保護介護券」の記載内容を確認する必要があります。「本人支払額」欄に、自己負担金額が記載されている場合は、その金額を利用者負担額として本人に請求します。介護扶助の審査・支払は、国民健康保険団体連合会に委託して行われます。介護報酬の請求先は、介護保険と同様に国民健康

保険団体連合会となります。また、介護報酬の支払われる時期および方法等も介護保険と同様です。

　介護扶助対象の介護報酬の請求は「生活保護介護券」の記載をもとに「介護給付費明細書」によって行います。介護給付費明細書で通常の介護保険請求と併せて生活保護対象の請求金額を公費請求額欄で計算します。生活保護対象金額の請求先は、市町村に別途請求する必要はなく、毎月の介護報酬の国保連への伝送請求と同時に一度で行えます。ただし、本来は多床室のみ対象となる介護施設サービスで、福祉事務所が認めて多床室以外に入所した場合の負担限度額相当分の居住費や介護保険の被保険者以外の者の場合は、直接福祉事務所に請求するなど、例外規定もあります。

2 日割りの考え方

（1）月額包括報酬

　月額包括報酬とは、月の定額報酬です。利用者にとって、利用回数によって負担増とならない安心がある反面、事業者にとって使い放題的なリスクもあります。総じて安定収入の側面もあり、収支計画は立てやすいといえます。

　月額包括報酬で算定されるサービスは以下の通りです。

> 介護予防通所リハビリテーション、小規模多機能型居宅介護、介護予防小規模多機能型居宅介護、看護小規模多機能型居宅介護、夜間対応型訪問介護、訪問看護（定期巡回・随時対応型訪問介護看護事業所と連携して訪問看護を行う場合）、定期巡回・随時対応型訪問介護看護、福祉用具貸与、介護予防福祉用具貸与

（2）日割りの考え方

　介護予防、小規模多機能型居宅介護のように月額の定額報酬を請求する場合は、次のような介護報酬の日割り計算が必要な場合があります。

1）要介護認定の区分変更で、月の途中に要介護状態が要介護と要支

援をまたがる変更となった場合は、その日数に応じて日割り計算する。ただし、要支援1から要支援2への区分変更において変更前に引き続いて同一のサービスを利用する場合は、日割り計算を行わず

図表1-11●月額包括報酬での日割り請求の適用区分

月額報酬対象サービス		対象となる事由	起算日
・介護予防通所リハビリテーション （介護予防特定施設入居者生活介護における外部サービス利用型を含む）	開始	・区分変更（要支援1⇔要支援2）	変更日
		・区分変更（要介護→要支援）	契約日
		・サービス事業所の変更（同一保険者内のみ）	
		・事業所指定効力停止の解除	
	終了	・区分変更（要支援1⇔要支援2）	変更日※
		・区分変更（要支援→要介護）	契約解除日※ （満了日） （開始日）
		・サービス事業所の変更（同一保険者内のみ）	
		・事業所指定有効期間満了	
		・事業所指定効力停止の開始	
・小規模多機能型居宅介護 ・介護予防小規模多機能型居宅介護 ・看護小規模多機能型居宅介護	開始	・区分変更（経過的要介護〜要介護5の間、要支援1⇔要支援2）	変更日
		・区分変更（要介護⇔要支援）	サービス提供日
		・サービス事業所の変更	
		・事業開始（指定有効期間開始）	
		・事業所指定効力停止の解除	
		・受給資格取得	
		・転入	
		・利用者の登録開始（前月以前から継続している場合を除く）	
	終了	・区分変更（経過的要介護〜要介護5の間、要支援1⇔要支援2）	変更日※
		・区分変更（要介護⇔要支援）	契約解除日※ （廃止・満了日） （開始日） （喪失日） （転出日）
		・サービス事業所の変更	
		・事業廃止（指定有効期間満了）	
		・事業所指定効力停止の開始	
		・受給資格喪失	
		・転出	
		・利用者との契約解除	
・夜間対応型訪問介護	開始	・サービス事業所の変更（同一保険者内のみ）	契約日
		・事業所指定効力停止の解除	
	終了	・サービス事業所の変更（同一保険者内のみ）	契約解除日※ （満了日） （開始日）
		・事業所指定有効期間満了	
		・事業所指定効力停止の開始	

※引き続き月途中からの開始事由がある場合についてはその前月となります。

厚生労働省資料を基に筆者が作成

に当初の要支援区分で報酬を算定する。

2）月の途中に他市町村から転入してきた小規模多機能型居宅介護の利用者は、契約期間に応じた日割り計算となる。

3）市内で転居したことにより、同じ月に転居前と転居後で違う事業所を利用した場合は、それぞれの事業所ごとに契約期間に応じた日割り計算にて算定する。

　なお、加算（月額）部分に対する日割り計算は行いません。公費の適用期間は、公費適用の有効期間の開始日から終了日までが算定対象となります。月額包括報酬での日割り請求の適用区分については**図表1-11**を参照してください。

3　請求の時効

　介護保険法第200条において、「保険給付を受ける権利は2年を経過したときは時効によって消滅する」とされています。これに対して、過払いや不正請求に対する時効は、公法上の債権であることから地方自治法第236条第1項の規定により5年となります。これにより、介護サービス事業者が遡って請求できる期間は2年間、市町村が返還を請求できる期間は5年間となります。

　時効の起算日は、サービスを提供した日の属する月の翌々々月の1日となります。償還払いの場合は代金を完済した日の翌日。高額介護サービス費はサービスを提供した日の属する月の翌月1日となります。

4　償還払いと代理受領

　介護保険法第41条において、「当該居宅要介護被保険者に対し、当該指定居宅サービスに要した費用について、居宅介護サービス費を支

給する」とされ、介護サービスの提供を受けた場合の介護給付費は、市町村から利用者に直接支払われることになっています。

　利用者は、サービス提供を受けた介護事業所にそのサービス費用の全額を支払い、介護事業所からサービス提供証明書を発行してもらい、それを市町村に提出して払い戻し請求を行うことで、支払った利用料金の9割分を還付してもらいます。これを「償還払い」といいます。

　しかし実際は、その居宅サービスが居宅介護支援の対象となっている場合もしくは介護保険施設から施設サービス等を受けたときには、市町村からサービスを提供した介護サービス事業者に介護報酬が直接支払われます。これを「代理受領」といいます。

5 介護報酬の算定構造④

1 領収証

　介護保険法第41条第8項において、「介護サービス事業者は領収証を交付しなければならない」と定められています。

　また、施行規則第65条においては「領収証には介護報酬の自己負担の額、食事費用の額および滞在費用の額、その他の費用の額を区分して記載し、その他の費用の額についてはそれぞれ個別の費用ごとに区分して記載しなければならない」とされています。これにより介護事業者は、銀行振込や口座振替で入金した場合においても、領収証を発行しなければなりません。

2 その他の日常生活に要する費用（日用品費）

　介護サービスを行う上で、日常生活に要する費用を介護報酬とは別に利用者に請求する場合があります。これらの費用の請求は、一律の価格設定で全利用者に請求することはできず、原価相当分として各々の費用の価格設定を行い、その説明・同意を得た上で個別に請求することが求められます。

　なお、利用者全員が共用で利用するものや事業所内で誰でも読むことができる新聞雑誌代などを日常生活に要する費用として利用者に請求することはできません。

　日常生活においても通常必要となるものに係る費用であって、その利用者等に負担させることが適当と認められるものとしての「その他

の日常生活費」の基準は、①保険給付の対象となっているサービスとの間に重複関係がないこと、②お世話料、管理協力費、共益費、施設利用補償金といったあいまいな名目による費用の受領は認められないこと、③利用者またはその家族等に事前に十分な説明を行い、その同意を得なければならないこと、④実費相当額の範囲内で行われるべきものであること、⑤運営規程において定められ、重要事項として施設の見やすい場所に掲示されなければならないこと、とされています。

　また、「その他の日常生活費」の具体的な範囲は、①利用者の希望によって、身の回り品として日常生活に必要なものを事業者が提供する場合に係る費用、②利用者の希望によって、教養娯楽として日常生活に必要なものを事業者が提供する場合に係る費用、とされています。

3 値引き

　老企第39号の通知「指定居宅サービス事業者等による介護給付費の割引の取扱いについて」には、①低い費用の額で介護サービスを提供する値引きが可能であること、②自費サービスの利用料と介護保険サービスの費用額との間に、不合理な差額を設けてはならないこと、③訪問看護等の医療系サービスは、全国統一単価である診療報酬との間で一般的には価格差を設けることはないこと、と明記されています。

　割引の設定は、事業所ごと・介護サービスの種類ごとに、介護報酬の単位に対しての百分率による割引率（％）を設定する方法により行います。また、利用の低い時間帯などへの時間帯別の割引も可能で、ひとつのサービス種類に複数の割引率を弾力的に設定することもできます。③の通り、医療系サービスは値引きはできません。

　割引を行う場合は事前の届出が必要です。前月15日までに届け出た場合は翌月1日から、16日以降に届け出た場合は翌々月1日から値引きの算定となります。ただし、事業所ごと、介護サービスの種類ごと、時間ごとでの、事業所全体での値引き設定は認められています

が、利用者ごとに個別の値引きや価格差を設けることは「不当値引き」
として指導対象、処分対象となります。

4 障害者総合支援法との関係

　障害福祉における自立支援給付との併用では、介護保険法の規定に
よる介護保険給付が優先されます。但し、市町村は、状況を勘案して、
状況に応じて自立支援給付を優先させても良いことになっています。
　双方のサービスに同じ内容のサービスがある場合には、介護保険
サービスをまず利用し、市町村が適当と認めた場合は介護保険の給付
上限を超えた部分を障害福祉サービスとして利用して良いことになっ
ています。

6 介護報酬改定の流れ

1 2000年度から2021年度までの主な推移

図表1-12●介護報酬改定の流れ

	2003年	2006年（施設は2005年含む）	2009年	2012年	2015年	2018年	2021年
居宅サービス	在宅　0.1 1. 訪問介護　　2.3 2. 訪問看護　▲3.2 3. 通所介護　▲3.0 4. 通所リハ　▲3.8 5. 短期入所　▲3.2 6. GH　　　2.7 7. 居宅介護　17.1	在宅　▲1.0 在宅軽度　▲5.0 在宅中重度　4.0	在宅　1.7	在宅　1.0	在宅　▲1.42		
施設サービス	施設　▲4.0 1. 特養　▲4.2 2. 老健　▲4.2 3. 療養　▲3.2	施設　▲4.0	施設　1.3	施設　0.2	施設　▲0.85		
合計	▲2.3	▲2.4	3.0	1.2	▲2.27	0.54	0.70
主な視点	(1)自立支援の観点でのケアマネジメントの確立 (2)自立支援を指向する在宅サービスを評価 (3)施設サービスの質の向上と適正化	(1)中重度者への支援強化 (2)介護予防、リハビリテーションの推進 (3)地域包括ケア、認知症ケアの確立 (4)サービスの質の向上 (5)医療と介護の機能分担・連携の明確化 (6)施設の居住費・食費の見直し	(1)介護従事者の人材確保・処遇改善 (2)医療との連携や認知症ケアの充実 (3)効率的なサービスの提供や新たなサービスの検証	(1)介護職員の処遇改善の確保 (2)地域包括ケアの推進	(1)処遇改善加算の充実と一般中小企業との収益格差是正	(1)地域包括ケアシステムの推進 (2)自立支援・重度化防止に資する質の高いサービスの実現 (3)制度の安定性・持続性の確保	(1)感染症や災害への対応力強化 (2)地域包括ケアシステムの推進 (3)自立支援・重度化防止の取組の推進 (4)介護人材の確保・介護現場の革新 (5)制度の安定性・持続性の確保

筆者作成

　介護報酬は、これまで3年に一度の割合で改定されています。全体の改定率は2003（平成15）年、2006（平成18）年と続けてマイナス査定の後、2009（平成21）年、2012（平成24）年とプラス査定となり、2015（平成27）年はマイナス査定です。内容は施設サービスよりも

居宅サービスが手厚く査定されていて「施設から居宅へ」という明確な方向性を示しています。

　2009（平成21）年、2012（平成24）年のプラス査定の内容では、すべてのサービスにおいて基本報酬は据え置き、加算によってプラスとなっています。これは介護保険法施行当初の介護事業者の数を政策的に増やす段階が終了して、質の評価を加算によって行い、介護事業者の差別化を行うことを表しています。基本報酬は実質的に2009（平成21）年から変わっていないという事実は、加算を算定しないことには収入が上がらないことを意味し、介護経営での加算の重要性が一層増大しているといえます。

　そして2014（平成26）年の消費増税に伴う若干の改定の後、2015（平成27）年の改定において、実質的に過去最大のマイナス改定が実施されました。改定率こそ、マイナス2.27％と2003（平成15）年のマイナス2.3％には及ばないものの、介護職員処遇改善加算などが含まれたことで、実質的に基本報酬はマイナス4.48％という大幅な減額となりました。特に介護福祉施設はマイナス5～6％、予防通所介護マイナス20～22％、小規模通所介護マイナス9～9.8％などの大幅なマイナスになったサービスもありました。新たな加算は人員配置の充実を求める算定要件が多く、小規模事業所の算定に無理があるため、小規模事業所にとっては一層の効率的な経営を求める内容です。これによって介護事業は事業規模の拡大が求められることとなります。

　2018（平成30）年は、診療報酬との同時改定の結果、診療報酬の薬価の引き下げ分を介護報酬に廻したことで、久しぶりの0.54のプラス改定となりました。しかしながら、通所サービスなどは、時間区分の変更などもあって同じサービスの中でも大きなマイナスとなったケースも出ています。

　2021年はコロナ禍の影響も有り、0.70のプラスでした。しかし、多くの加算要件が見直され、LIFEの導入で自立支援に手厚い改定となりました。

**問題
1** 次の文章で正しいものに○、誤っているものに×
をつけなさい。

①モニタリングの主な目的は、目標の達成状況の評価である。

②介護報酬の加算には、体制加算と実施加算の2種類がある。

③介護報酬で値引きは認められず、値引きを行うと「不当値引き」となる。

④介護報酬の限度超過分を、自立支援給付で支給することはできない。

⑤加算を新規に算定する場合は、その月の15日までに届出を提出すれば良い。

解答1　①：○　②：○　③：×　④：×　⑤：×

解説1

①は設問のとおり。

②は設問のとおり。

③事業所ごと、介護サービスの種類ごと、時間ごとでの事業所全体での値引き設定は認められている（事前に届出が必要）。ただし、利用者ごとの個別の値引き等は「不当値引き」となる。

④双方のサービスに同じ内容のサービスがある場合、介護保険サービスをまず利用し、市町村が適当と認めた場合は介護保険の給付上限を超えた部分を障害者自立支援サービスとして利用してよい。

⑤加算を新規に算定する場合、15日以前に届出がなされた場合には翌月、16日以降になされた場合には翌々月から加算の算定が開始となる。

第**2**章

介護報酬の請求の流れ

© Kasiutek - Fotolia.com

1 契約

1 契約書等

　介護保険法第2条第3項において、介護サービスは「被保険者の選択に基づき」行われなければならないとされました。ここに民法上の契約の概念が発生します。介護保険法施行以前においては、行政が介護サービスの必要性を判断して措置を行い、受ける側にサービス選択の余地はありませんでした。介護保険制度下では、利用者自身がサービスの種類・内容や提供事業者などを選択することができるようになったのです。

　そのためには、事前にサービス内容や条件等に関する情報が適切に利用者および家族に提供される必要があります。契約とは文書のみならず口頭でも成立するものですが、利用者および事業者双方の保護を図る観点から、文書による契約が好ましいのはいうまでもありませんし、保険者による実地指導時にも契約書の提示が求められます。

　新規利用においては、介護事業所と利用者との間でサービス提供に係る契約を交わした後に、サービスの提供を開始します。契約時に交わす書類は契約書、重要事項説明書、個人情報利用の同意書、の3点セットです。この中で実地指導での指摘が急増しているのが個人情報利用の同意書です。個人情報利用の同意書はサービス担当者会議において、業務上知り得た個人情報を利用しても良いという同意書ですが、サービス担当者会議では利用者本人の個人情報にとどまらず家族の個人情報も利用しなければならず、その旨も同意書に記載してあります。実地指導においては、この部分に触れて「利用者本人の同意だけでは

なく、家族の代表者の同意も必要」との指導が行われている地域が増えているのです。

　なお、介護事業者と利用者が取り交わす契約書は原則として民法上の請負契約ではなく、印紙税の課税文書には該当しませんので収入印紙の貼り付けの必要はありません。いっぽう領収証は、売上代金に係る金銭または有価証券の受領書に該当しますので受取金額が3万円を超えた場合は印紙の貼り付けが必要です。ただし①地方公共団体そのものが作成者であるもの、②記載された受取金額が3万円未満のもの、③営業に関しない公益法人、NPO法人等、の領収証は不要です。

2 重要事項説明書

　契約書とともに重要な書類に「重要事項説明書」があります。厚生省令第37号等の規定に、「介護サービスの提供の開始に際し、あらかじめ利用申込者またはその家族に対し、運営規程の概要、勤務の体制その他の利用申込者のサービスの選択に資すると認められる重要事項を記した文書を交付して説明を行い、サービス提供の開始について利用申込者の同意を得なければならない」と定められていて、これに従わない場合は運営基準違反となります。

　重要事項説明書は、新規サービス契約時のみならず、新しく加算を算定する場合や、介護報酬が改定になり利用者が支払う1割負担分などの金額が変わる場合に、その都度説明・同意を行うことが求められます。3年に一度の介護報酬の改定時などでは、現在の利用者全員分の重要事項説明書を新たに作り直して同意をもらうのではなく、4月から改定となる場合は、1カ月前である3月中に利用料金の変更部分に関する同意書を作成して同意を得る方法が一般的です。

2 介護報酬の請求①

1 国民健康保険団体連合会への請求の流れ

　介護事業者が利用者に提供した対価としての介護報酬の請求は、原則として1割を本人に請求し、9割を国民健康保険団体連合会に請求します。市町村から委託を受けた国民健康保険団体連合会は、介護事業者からの請求について記載事項・限度額管理の審査を行い、介護事業者に保険給付分を支払います。

　国民健康保険団体連合会に請求できる介護給付費は、都道府県知事が指定した「指定事業者」によって提供されるサービスと、「基準該当事業者」のうち市町村と受領委任契約を締結している事業者によって提供されるサービスが対象となります。

図表2-1●介護報酬の流れ

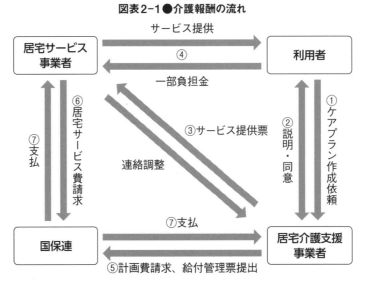

筆者作成

　居宅サービス計画（以下、ケアプラン）作成から介護報酬の請求へ至る流れは以下のとおりです。

①利用者から依頼を受けた居宅介護支援事業者が、ケアプランを作成する。

②作成されたケアプランは利用者への説明・同意を得て有効となる。

③居宅介護支援事業者はケアプランをもとに居宅サービス事業者ごとのサービス提供票を作成し、毎月末までに指定居宅サービス事業者に送付する。

④居宅サービス事業者は、ケアプランに基づいて介護計画を作成し、説明・同意を得て居宅介護サービスを提供する。利用者はサービス利用料の自己負担（1割）を居宅サービス事業者に支払う。

⑤居宅介護支援事業者はケアプランに基づいて給付管理票と居宅サービス計画費の請求書を作成し、国民健康保険団体連合会に提出する。

⑥居宅サービス事業者は、提供したサービス実績に基づいて居宅サービス費の請求書を作成し、国民健康保険団体連合会に提出する。

⑦国民健康保険団体連合会は、受給者ごとに介護報酬の請求総額を算出し、給付管理票と突合することにより指定事業者からの請求の審査を行い、審査結果に問題がなければ、各事業者への支払いを行うとともに各市町村へ事業者への支払いに対する請求を行う。

　以上のように、介護報酬の審査は利用者の基本登録データと突合されるとともに、居宅介護支援事業者の提出する給付管理票と居宅サービス事業者の提出する居宅サービス費の請求書との突合が行われます。ここで、給付管理票にない介護サービスの提供、すなわちケアプランに基づかない介護サービスの提供に対する請求はシステム的に弾かれることとなります。

3 介護報酬の請求②

1 電子請求の方法

（1）多くは伝送による請求

　介護報酬の国民健康保険団体連合会への請求方法は、厚生省令第20号第2条により、電子請求（伝送、またはCDなどにデータをコピーして窓口に提出）で行うことが定められています。また経過措置として、電子請求を行うことが特に困難と認められるものは、介護給付費請求書に介護給付費明細書を添えて、施設の場合は省令に定める帳票を審査支払機関に提出することで介護給付費等を請求することができるとされ、紙媒体での請求も可能となっています。

　しかし現実的には、請求件数の少ない小規模な事業所以外の紙媒体での請求は認められていません。一般的にはCDを用いることは少なく、伝送による請求が大部分です。これは、インターネットの普及で伝送が誰でも簡単にできることが要因です。

　毎月の介護報酬の請求には、電子請求という性格上、定められた配列のCSVという形式の電子データを用いて提出します。そのため、サービス提供表などから実績を入力するだけで簡単に提出用の電子データを作成できる介護報酬計算ソフトウェアを利用することが一般的です。

　2014（平成26）年11月請求分より、電子請求はインターネット経由での請求が可能となり、その利用には認証局から発行された電子証明書の取得が必要です。従来のISDN回線を利用した請求は2018（平成30）年3月で終了、インターネット請求へ変更となりました。

（2）ASP（アプリケーションサービスプロバイダ）の活用

　最近ではASPと呼ばれるインターネット上の介護報酬計算ソフトウェアと契約して介護報酬を計算し、そのシステムを通じて国保連合会に請求する方法も一般化しています。介護報酬計算ソフトウェアについては、購入タイプのほか月額利用料で使える従量制タイプのどちらが良いかは意見が分かれるところです。双方一長一短がありますので、使いやすさ、用途や利用期間、費用等のバランスを考慮して選びましょう。

　電子請求と、CDもしくは紙媒体での請求との大きな違いは、その利便性にあります。CDもしくは紙媒体での請求の場合、一度窓口に提出するとその月内での変更修正ができません。その点電子請求は、提出した後も毎月10日の請求期限内なら何度でも変更や修正ができます。これは大きなメリットです。

（3）電子請求の利便性

　その他のメリットとしては、①支払通知関係および返戻通知関係が請求月の翌月3日までに取得できる、②受給者別審査決定情報が取得できる、③支援事業所向け給付管理票登録情報が取得できる、④サービス事業所向け給付管理票登録情報が取得できる、⑤伝送通信ソフトの受付点検機能で様式エラー（一次エラー）の修正ができる、⑥毎月10日の24時まで請求が可能である、などが挙げられます。

　受付点検機能で簡易チェック（事前チェック）が受けられるため、返戻の確率が減少し、加えて請求期限である10日の24時まで請求処理や変更手続きができるメリットは計り知れません。

2 介護給付費請求書等の様式

　介護給付費請求書・明細書の様式と摘要欄記載事項は、それぞれ**図表2-2、2-3**のとおりです。

図表2-2●介護給付費請求書・明細書の様式

様式第一	居宅・施設サービス、介護予防サービス、地域密着型サービス、居宅介護支援・介護予防支援	介護給付費請求書
様式第二	居宅サービス	訪問介護 訪問入浴介護 訪問看護 訪問リハビリテーション 居宅療養管理指導 通所介護 通所リハビリテーション 福祉用具貸与
	地域密着型サービス	夜間対応型訪問介護 地域密着型通所介護 認知症対応型通所介護 小規模多機能型居宅介護 定期巡回・随時対応型訪問介護看護 看護小規模多機能型居宅介護（短期利用以外、短期利用）
様式第三	居宅サービス	短期入所生活介護
様式第四		介護老人保健施設における短期入所療養介護
様式第四の三		介護医療院における短期入所療養介護
様式第五		病院・診療所における短期入所療養介護
様式第六	地域密着型サービス	認知症対応型共同生活介護（短期利用以外）
様式第六の三	居宅サービス	特定施設入居者生活介護（短期利用以外）
	地域密着型サービス	地域密着型特定施設入居者生活介護（短期利用以外）
様式第六の五	地域密着型サービス	認知症対応型共同生活介護（短期利用）
第六の七	居宅サービス	特定施設入居者生活介護（短期利用）
	地域密着型サービス	地域密着型特定施設入居者生活介護（短期利用）
様式第七	居宅介護支援	居宅介護支援
様式第八	施設サービス	介護老人福祉施設
	地域密着型サービス	地域密着型介護老人福祉施設入所者生活介護
様式第九	施設サービス	介護老人保健施設
様式第九の二	施設サービス	介護医療院
様式第十	施設サービス	介護療養型医療施設
様式第十一	給付管理票	居宅介護支援

様式第二の二	介護予防サービス	介護予防訪問入浴介護 介護予防訪問看護 介護予防訪問リハビリテーション 介護予防居宅療養管理指導 介護予防通所リハビリテーション 介護予防福祉用具貸与
	地域密着型介護予防サービス	介護予防認知症対応型通所介護 介護予防小規模多機能型居宅介護
様式第三の二	介護予防サービス	介護予防短期入所生活介護
様式第四の二		介護老人保健施設における介護予防短期入所療養介護
様式第四の四		介護医療院における介護予防短期入所療養介護
様式第五の二		病院・診療所における介護予防短期入所療養介護
様式第六の二	地域密着型介護予防サービス	介護予防認知症対応型共同生活介護（短期利用以外）
様式第六の四	介護予防サービス	介護予防特定施設入居者生活介護
様式第六の六	地域密着型介護予防サービス	介護予防認知症対応型共同生活介護（短期利用）
様式第七の二	介護予防支援	介護予防支援

様式第一の二	介護予防・日常生活支援総合事業	介護予防・日常生活支援総合事業請求書
様式第二の三		訪問型サービス 通所型サービス その他の生活支援サービス
様式第七の三		介護予防ケアマネジメント

厚生労働省資料を基に筆者が作成

図表2-3 ●摘要欄記載事項

サービス種類	サービス内容 （算定項目）	摘要記載事項	備　考
サテライト事業所からのサービス提供（訪問介護、訪問看護、訪問リハビリテーション、通所介護、介護予防訪問看護、介護予防訪問リハビリテーション、定期巡回・随時対応型訪問介護看護、夜間対応型訪問介護、地域密着型通所介護、認知症対応型通所介護、小規模多機能型居宅介護、看護小規模多機能型居宅介護、介護予防認知症対応型通所介護、介護予防小規模多機能型居宅介護、訪問型サービス（みなし）、訪問型サービス（独自）、訪問型サービス（独自／定率）、訪問型サービス（独自／定額）、通所型サービス（みなし）、通所型サービス（独自）、通所型サービス（独自／定率）、通所型サービス（独自／定額）、その他の生活支援サービス（配食／定率）、その他の生活支援サービス（配食／定額）、その他の生活支援サービス（見守り／定率）、その他の生活支援サービス（見守り／定額）、その他の生活支援サービス（その他／定率）、その他の生活支援サービス（その他／定額））	「サテライト」の略称として英字2文字を記載すること。 例　ST	
ADL値の提出（通所介護、地域密着型通所介護）	指定居宅サービス基準第16条の2イ（4）によって求められるADL値の提出は、評価対象期間において連続して6月利用した期間（複数ある場合には最初の月が最も早いもの。）の最初の月と、当該最初の月から起算して6月目に、事業所の機能訓練指導員がBarthel Indexを測定した結果をそれぞれの月のサービス本体報酬の介護給付費明細書の摘要欄に記載することによって行う（「ADL維持等加算（Ⅱ）を算定する場合」の当該加算の摘要欄に記載する形で提出する場合を除く。）。 例1　75 例2　ST/75 （当該事業所がサテライト事業所である場合）	

訪問介護	身体介護4時間以上の場合	計画上の所要時間を分単位で記載すること。 単位を省略する。 例 260	身体介護4時間以上については、1回あたりの点数の根拠を所要時間にて示すこと。
訪問看護	定期巡回・随時対応型訪問介護看護と連携して指定訪問看護を行う場合	訪問看護の実施回数を記載すること。 単位を省略する。 例 20	
	看護・介護職員連携強化加算	介護職員と同行したんの吸引等の実施状況を確認した日又は、会議等に出席した日を記載。 単位を省略する。 例 15	
	ターミナルケア加算を算定する場合	対象者が死亡した日を記載すること。 なお、訪問看護を月の末日に開始しターミナルケアを行い、その翌日に対象者が死亡した場合は、死亡した年月日を記載すること。 例 20030501 （死亡日が2003年5月1日の場合）	
訪問看護、予防訪問看護	退院時共同指導加算	算定回数に応じて医療機関での指導実施月日を記載すること。 なお、退院の翌日に初回の訪問看護を実施した場合は、医療機関で指導を実施した月日を記載すること。 例 0501 （指導実施日が5月1日の場合）	
訪問リハビリテーション、通所リハビリテーション	リハビリテーションマネジメント加算（Ⅳ）を算定する場合	VISITにおける登録番号を記載すること。 例 0001（4桁の利用者ID）	
訪問リハビリテーション、介護予防訪問リハビリテーション	短期集中リハビリテーション実施加算を算定する場合	病院若しくは診療所または介護保険施設から退院・退所した年月日又は要介護・要支援認定 例 20060501 （退院（所）日が2006年5月1日の場合）	
居宅療養管理指導、介護予防居宅療養管理指導		算定回数に応じて訪問日等を記載すること （訪問日等が複数あるときは「,（半角カンマ）」で区切る）。 薬剤師による居宅療養管理指導において、サポート薬局による訪問指導を行った場合、訪問日等の前に「サ」と記載すること。 単位を省略する。 例 6,20 （訪問指導を6日と20日に行った場合） 例 サ6,サ20 （サポート薬局による訪問指導を6日と20日に行った場合）	
通所介護、地域密着型通所介護	ADL維持等加算（Ⅱ）を算定する場合	指定居宅サービス基準第16条の2ロ（2）におけるADL値の提出は、算定日が属する月に事業所の機能訓練指導員がBarthel Indexを測定した結果を、ADL維持等加算（Ⅱ）の介護給付費明細書の給付費明細欄の摘要欄に記載することによって行う。 なお、当該提出は、当該提出の月の属する年の1月から12月までが評価対象期間となる際に指定居宅サービス基準第16条の2イ（4）によって求められるADL値の提出を兼ねるものとする。 例 75	

介護福祉施設サービス、地域密着型介護老人福祉施設入所者生活介護、介護保健施設サービス	褥瘡マネジメント加算を算定する場合	以下の項目について、連続した12桁の数値を入力すること。 （自分で行っている場合は0、自分で行っていない場合は1、対象外の場合は2） ・入浴 ・食事摂取 ・更衣（上衣） ・更衣（下衣） ・寝返り ・座位の保持 ・座位での乗り移り ・立位の保持 （なしの場合は0、ありの場合は1、対象外の場合は2） ・尿失禁 ・便失禁 ・バルーンカテーテルの使用 （いいえの場合は0、はいの場合は1） ・過去3か月以内に褥瘡の既往があるか 例　入浴を自分で行っていない、更衣（下衣）を自分で行っていない、立位の保持を自分で行っていない、尿失禁あり、過去3ヶ月以内に褥瘡の既往がない場合（その他は自分で行っている、もしくはなし） 100100011000	
通所リハビリテーション	短期集中個別リハビリテーション実施加算を算定する場合	病院若しくは診療所または介護保険施設から退院・退所した年月日又は要介護認定を受けた日を記載すること。 例　20060501 （退院（所）日が2006年5月1日の場合）	
	重度療養管理加算を算定する場合	摘要欄に利用者（要介護3、要介護4又は要介護5）の状態（イからリまで）を記載すること。なお、複数の状態に該当する場合は主たる状態のみを記載すること。 例　ハ イ　常時頻回の喀痰吸引を実施している状態 ロ　呼吸障害等により人工呼吸器を使用している状態 ハ　中心静脈注射を実施している状態 ニ　人工腎臓を実施しており、かつ、重篤な合併症を有する状態 ホ　重篤な心機能障害、呼吸障害等により常時モニター測定を実施している状態 ヘ　膀胱または直腸の機能障害の程度が身体障害者福祉法施行規則別表第5号に掲げる身体障害者障害程度等級表の4級以上に該当し、かつ、ストーマの処置を実施している状態 ト　経鼻胃管や胃瘻等の経腸栄養が行われている状態 チ　褥瘡に対する治療を実施している状態 リ　気管切開が行われている状態	
福祉用具貸与、介護予防福祉用具貸与	福祉用具貸与	別記を参照	
	特別地域加算、中山間地域等における小規模事業所加算、中山間地域等に居住する者へのサービス提供加算を算定する場合	福祉用具貸与を開始した日付を記載すること。 単位を省略する。 例　6	
短期入所生活介護	医療連携強化加算を算定する場合	摘要欄に利用者の状態（イからリまで）を記載すること。なお、複数の状態に該当する場合は主たる状態のみを記載すること。 例　ハ イ　喀痰吸引を実施している状態 ロ　呼吸障害等により人工呼吸器を使用している状態 ハ　中心静脈注射を実施している状態 ニ　人工腎臓を実施している状態 ホ　重篤な心機能障害、呼吸障害等により常時モニター測定を実施している状態 ヘ　人口膀胱又は人口肛門の処理を実施している状態 ト　経鼻胃管や胃瘻等の経腸栄養が行われている状態 チ　褥瘡に対する治療を実施している状態 リ　気管切開が行われている状態	

短期入所生活介護、介護予防短期入所生活介護	多床室のサービスコードの適用理由	適用理由の番号を摘要欄に左詰めで記載すること。 1　多床室入所 3　感染症等により医師が必要と判断した従来型個室への入所者 4　居住面積が一定以下 5　著しい精神症状等により医師が必要と判断した従来型個室への入所者	一月内で複数の滞在理由に該当する場合は、最初の滞在理由を記載すること。 　同時に複数の理由（例えば感染症等による入所で居住面積が一定以下）に該当する場合は、最も小さい番号を記載すること。
短期入所療養介護、介護予防短期入所療養介護	多床室のサービスコードの適用理由	適用理由の番号を摘要欄に左詰めで記載すること。 1　多床室入所 3　感染症等により医師が必要と判断した従来型個室への入所者 4　居住面積が一定以下 5　著しい精神症状等により医師が必要と判断した従来型個室への入所者	一月内で複数の滞在理由に該当する場合は、最初の滞在理由を記載すること。 　同時に複数の理由（例えば感染症等による入所で居住面積が一定以下）に該当する場合は、最も小さい番号を記載すること。
	重度療養管理加算を算定する場合（老健のみ）	摘要欄に利用者（要介護4又は要介護5）の状態（イからリまで）を記載すること。なお、複数の状態に該当する場合は主たる状態のみを記載すること。 例　ハ イ　常時頻回の喀痰吸引を実施している状態 ロ　呼吸障害等により人工呼吸器を使用している状態 ハ　中心静脈注射を実施している状態 ニ　人工腎臓を実施しており、かつ、重篤な合併症を有する状態 ホ　重篤な心機能障害、呼吸障害等により常時モニター測定を実施している状態 ヘ　膀胱または直腸の機能障害の程度が身体障害者福祉法施行規則（昭和二十五年厚生省令第十五号）別表第五号に掲げる身体障害者障害程度等級表の四級以上に該当し、かつ、ストーマの処置を実施している状態 ト　経鼻胃管や胃瘻等の経腸栄養が行われている状態 チ　褥瘡に対する治療を実施している状態 リ　気管切開が行われている状態	

短期入所療養介護、介護予防短期入所療養介護	療養型（介護予防）短期入所療養介護費（Ⅰ）（ii）（iii）（v）（vi）、療養型（介護予防）短期入所療養介護費（Ⅱ）（ii）（iv）、ユニット型療養型（介護予防）短期入所療養介護費（Ⅱ）（Ⅲ）（Ⅴ）（Ⅵ）、診療所型（介護予防）短期入所療養介護費（Ⅰ）（ii）（iii）（v）（vi）又はユニット型診療所型（介護予防）短期入所療養介護費（Ⅱ）（Ⅲ）（Ⅴ）（Ⅵ）を算定する場合	下記イからヌまでに適合する患者については、摘要欄にその状態を記載すること。なお、複数の状態に該当する場合は主たる状態のみを記載すること。 例1　イ 例2　ハD イ　NYHA分類Ⅲ以上の慢性心不全の状態 ロ　Hugh-Jones分類Ⅳ以上の呼吸困難の状態又は連続する1週間以上人工呼吸器を必要としている状態 ハ　各週2日以上の人工腎臓の実施が必要であり、かつ、次に掲げるいずれかの合併症を有する状態。 　A　常時低血圧（収縮期血圧が90mmHg以下） 　B　透析アミロイド症で手根管症候群や運動機能障害を呈するもの 　C　出血性消化器病変を有するもの 　D　骨折を伴う二次性副甲状腺機能亢進症のもの ニ　Child-Pugh分類C以上の肝機能障害の状態 ホ　連続する3日以上、JCS100以上の意識障害が継続している状態 ヘ　単一の凝固因子活性が40%未満の凝固異常の状態。 ト　現に経口により食事を摂取している者であって、著しい摂食機能障害を有し、造影撮影（医科診療報酬点数表中「造影剤使用撮影」をいう。）又は内視鏡検査（医科診療報酬点数表中「喉頭ファイバースコピー」をいう。）により誤嚥が認められる（喉頭侵入が認められる場合を含む。）状態 チ　認知症であって、悪性腫瘍と診断された者 リ　認知症であって、次に掲げるいずれかの疾病と診断された者 　A　パーキンソン病関連疾患（進行性核上性麻痺、大脳皮質基底核変性症、パーキンソン病） 　B　多系統萎縮症（線条体黒質変性症、オリーブ橋小脳萎縮症、シャイ・ドレーガー症候群） 　C　筋萎縮性側索硬化症 　D　脊髄小脳変性症 　E　広範脊柱管狭窄症 　F　後縦靱帯骨化症 　G　黄色靱帯骨化症 　H　悪性関節リウマチ ヌ　認知症高齢者の日常生活自立度のランクⅢb、Ⅳ又はMに該当する者	
特定施設入居者生活介護、地域密着型特定施設入居者生活介護	看取り介護加算	対象者が死亡した日を記載すること。 例　20120501 （死亡日が2012年5月1日の場合）	
特定施設入居者生活介護、介護予防特定施設入居者生活介護	外部サービス利用型における福祉用具貸与、介護予防福祉用具貸与	別記を参照	
介護福祉施設サービス、地域密着型介護老人福祉施設入所者生活介護	退所前訪問相談援助加算	家庭等への訪問日を記載すること。 単位を省略する。 例　20	
	退所後訪問相談援助加算	家庭等への訪問日を記載すること。 単位を省略する。 例　20	
	多床室のサービスコードの適用理由	適用理由の番号を摘要欄に左詰めで記載すること。 1　多床室入所 2　制度改正前入所による経過措置 3　感染症等により医師が必要と判断した従来型個室への入所者（30日以内の者） 4　居住面積が一定以下 5　著しい精神症状等により医師が必要と判断した従来型個室への入所者	一月内で複数の滞在理由に該当する場合は、最初の滞在理由を記載すること。 同時に複数の理由（例えば感染症等による入所で居住面積が一定以下）に該当する場合は、最も小さい番号を記載すること。

介護福祉施設サービス、地域密着型介護老人福祉施設入所者生活介護	看取り介護加算	対象者が死亡した時間帯の番号を摘要欄に左詰めで記載すること（早朝・夜間の場合のみ）。 1　18:00〜19:59 2　20:00〜21:59 3　　6:00〜　8:00 対象者が死亡した場所の番号を摘要欄に左詰めで記載すること。 1　施設内 2　施設外 例　19時に施設内で死亡した場合 　　1/1	
	配置医師緊急時対応加算	対応を要した入所者の状態についての番号を摘要欄に左詰めで記載すること。 1　看取り期 2　看取り期以外 配置医師を呼ぶ必要が生じた理由についての番号を摘要欄に左詰めで記載すること（複数該当する場合は最もあてはまるものを1つ選択すること。 1　転倒や外傷に関連する痛み、創傷処置 2　外傷以外の痛み（関節、頭痛、胸痛、腰痛、背部痛、腹痛、その他痛み） 3　服薬に関連すること（誤薬、服薬困難、処方内容の変更後の予期せぬ変化など） 4　発熱、食欲低下、水分摂取不足、排便の異常、排尿の異常、嘔気・嘔吐、血圧の異常、血糖値の異常 5　認知症BPSD関連 6　医療機器のトラブル（カテーテルの抜去・閉塞、点滴トラブルなど） 7　神経障害（感覚障害・運動障害など）、意識レベルの変化、呼吸の変化 8　死亡診断の依頼 9　上記以外 例　月のうちに3回緊急時の訪問が行われた場合 　　24,27,28	
介護保健施設サービス	入所前後訪問指導加算	家庭等への訪問日を記載すること。 単位を省略する。 例　20	
	訪問看護指示加算	訪問看護指示書の交付日を記載すること。 単位を省略する。 例　20	
	多床室のサービスコードの適用理由	適用理由の番号を摘要欄に左詰めで記載すること。 1　多床室入所 2　制度改正前入所による経過措置 3　感染症等により医師が必要と判断した従来型個室への入所者（30日以内の者） 4　居住面積が一定以下 5　著しい精神症状等により医師が必要と判断した従来型個室への入所者	一月内で複数の滞在理由に該当する場合は、最初の滞在理由を記載すること。同時に複数の理由（例えば感染症等による入所で居住面積が一定以下）に該当する場合は、最も小さい番号を記載すること。
	短期集中リハビリテーション実施加算、認知症短期集中リハビリテーション実施加算を算定する場合	当該施設に入所した日を記載すること。 例　20060501 （入所日が2006年5月1日の場合）	
	ターミナルケア加算	対象者が死亡した日を記載すること。 例　20080501 （死亡日が2008年5月1日の場合）	
	かかりつけ医連携薬剤調整加算	退所の際に減薬した旨等を主治の医師に報告した日を記載すること。 例　20180501 （報告日が2018年5月1日の場合）	
	地域連携診療計画情報提供加算	入所者が入所する直前に、対象となる医療機関を退院した日を記載すること。 例　20080501 （退院日が2008年5月1日の場合）	

介護療養施設サービス	他科受診時費用	他科受診を行った日を記載すること（複数日行われたときは「,（半角カンマ）」で区切る）。 単位を省略する。 例　6,20	
	退院前訪問指導加算	家庭等への訪問日を記載すること。 単位を省略する。 例　20	
	退院後訪問指導加算	家庭等への訪問日を記載すること。 単位を省略する。 例　20	
	訪問看護指示加算	訪問看護指示書の交付日を記載すること。 単位を省略する。 例　20	
	療養型介護療養施設サービス費（I）(ii)(iii)(v)(vi)、療養型介護療養施設サービス費（II）(ii)(iv)、ユニット型療養型介護療養施設サービス費（II）(III)(V)(VI)、診療所型介護療養施設サービス費（I）(ii)(iii)(v)(vi)又はユニット型診療所型介護療養施設サービス費（II）(III)(V)(VI)を算定する場合	すべての入院患者について、医療資源を最も投入した傷病名を、医科診療報酬における診断群分類（DPC）コードの上6桁を用いて摘要欄に左詰めで記載すること。 下記イからヌまでに適合する患者については、摘要欄にDPC上6桁に続けてその状態を記載すること。なお、複数の状態に該当する場合は主たる状態のみを記載すること。 例1　050050,イ （傷病名が慢性虚血性心疾患で、下記のイに該当する場合） 例2　110280,ハD （傷病名が慢性腎不全で、下記のハDに該当する場合） 例3　040120 （傷病名が慢性閉塞性肺疾患で、下記のイからヌまでに該当しない場合） イ　NYHA分類III以上の慢性心不全の状態 ロ　Hugh-Jones分類IV以上の呼吸困難の状態又は連続する1週間以上人工呼吸器を必要としている状態 ハ　各週2日以上の人工腎臓の実施が必要であり、かつ、次に掲げるいずれかの合併症を有する状態。 　A　常時低血圧（収縮期血圧が90mmHg以下） 　B　透析アミロイド症で手根管症候群や運動機能障害を呈するもの 　C　出血性消化器病変を有するもの 　D　骨折を伴う二次性副甲状腺機能亢進症のもの ニ　Child-Pugh分類C以上の肝機能障害の状態 ホ　連続する3日以上、JCS100以上の意識障害が継続している状態 ヘ　単一の凝固因子活性が40％未満の凝固異常の状態。 ト　現に経口により食事を摂取している者であって、著しい摂食機能障害を有し、造影撮影（医科診療報酬点数表中「造影剤使用撮影」をいう。）又は内視鏡検査（医科診療報酬点数表中「喉頭ファイバースコピー」をいう。）により誤嚥が認められる（喉頭侵入が認められる場合を含む。）状態 チ　認知症であって、悪性腫瘍と診断された者 リ　認知症であって、次に掲げるいずれかの疾病と診断された者 　A　パーキンソン病関連疾患（進行性核上性麻痺、大脳皮質基底核変性症、パーキンソン病） 　B　多系統萎縮症（線条体黒質変性症、オリーブ橋小脳萎縮症、シャイ・ドレーガー症候群） 　C　筋萎縮性側索硬化症 　D　脊髄小脳変性症 　E　広範脊柱管狭窄症 　F　後縦靱帯骨化症 　G　黄色靱帯骨化症 　H　悪性関節リウマチ ヌ　認知症高齢者の日常生活自立度のランクIIIb、IV又はMに該当する者	

介護療養施設サービス	上記以外の療養型介護療養施設サービス費 診療所型介護療養施設サービス費 認知症型介護療養施設サービス費 を算定する場合（加算を除く。）	すべての入院患者について、医療資源を最も投入した傷病名を、医科診療報酬における診断群分類（DPC）コードの上6桁を用いて摘要欄に左詰めで記載すること。ただし、平成30年9月30日までは、適切なコーディングが困難な場合、XXXXXXと記載すること。	
	多床室のサービスコードの適用理由	適用理由の番号を摘要欄に左詰めで記載すること。 1　多床室入所 2　制度改正前入所による経過措置 3　感染症等により医師が必要と判断した従来型個室への入所者（30日以内の者） 4　居住面積が一定以下 5　著しい精神症状等により医師が必要と判断した従来型個室への入所者	一月内で複数の滞在理由に該当する場合は、最初の滞在理由を記載すること。 同時に複数の理由（例えば感染症等による入所で居住面積が一定以下）に該当する場合は、最も小さい番号を記載すること。
介護医療院サービス	他科受診時費用	他科受診を行った日を記載すること（複数日行われたときは「,（半角カンマ）」で区切る）。 単位を省略する。 例　6,20	
	退所前訪問指導加算	家庭等への訪問日を記載すること。 単位を省略する。 例　20	
	退所後訪問指導加算	家庭等への訪問日を記載すること。 単位を省略する。 例　20	
	訪問看護指示加算	訪問看護指示書の交付日を記載すること。 単位を省略する。 例　20	
	多床室のサービスコードの適用理由	適用理由の番号を摘要欄に左詰めで記載すること。 1　多床室入所 2　制度改正前入所による経過措置 3　感染症等により医師が必要と判断した従来型個室への入所者（30日以内の者） 4　居住面積が一定以下 5　著しい精神症状等により医師が必要と判断した従来型個室への入所者	一月内で複数の滞在理由に該当する場合は、最初の滞在理由を記載すること。 同時に複数の理由（例えば感染症等による入所で居住面積が一定以下）に該当する場合は、最も小さい番号を記載すること。
	移行定着支援加算	介護医療院の開設日を記載すること。 例　20180501 （報告日が2018年5月1日の場合）	
認知症対応型共同生活介護	看取り介護加算	対象者が死亡した日を記載すること。 例　20090501 （死亡日が2009年5月1日の場合）	
小規模多機能型居宅介護	看取り連携体制加算	対象者が死亡した日を記載すること。 例　20060501 （死亡日が2006年5月1日の場合）	
小規模多機能型居宅介護（短期利用以外）、介護予防小規模多機能型居宅介護（短期利用以外）	小規模多機能型居宅介護費、介護予防小規模多機能型居宅介護費（加算を除く）	通所、訪問、宿泊のサービスを提供した日数を、二桁の数字で続けて記載すること。 例　100302 （通所サービスを10日、訪問サービスを3日、宿泊サービスを2日提供した場合） 例　150000 （通所サービスを15日提供し、訪問サービス・宿泊サービスを提供しなかった場合）	同日内に複数のサービスを提供した場合においても、それぞれのサービスで日数を集計し、記載すること。（例えば通所と訪問のサービスを同日に提供した場合、通所と訪問のそれぞれで1日として記載すること。）

定期巡回・随時対応型訪問介護看護	ターミナルケア加算を算定する場合	対象者が死亡した日を記載すること。 なお、訪問看護を月の末日に開始しターミナルケアを行い、その翌日に対象者が死亡した場合は、死亡した年月日を記載すること。 例　20120501 （死亡日が2012年5月1日の場合）	
	退院時共同指導加算	算定回数に応じて医療機関での指導実施月日を記載すること。 なお、退院の翌月に初回の訪問看護を実施した場合は、医療機関で指導を実施した月日を記載すること 例　0501 （指導実施日が5月1日の場合）	
看護小規模多機能型居宅介護（短期利用以外）	看護小規模多機能型居宅介護（加算を除く）	看護、通所、訪問、宿泊のサービスを提供した日数を、二桁の数字で続けて記載すること。 例　04010302 （訪問看護サービスを4日、通所サービスを1日、訪問サービスを3日、宿泊サービスを2日提供した場合） 例　00150000 （通所サービスを15日提供し、訪問サービス・宿泊サービスを提供しなかった場合）	同日内に複数のサービスを提供した場合においても、それぞれのサービスで日数を集計し、記載すること。（例えば通所と訪問のサービスを同日に提供した場合、通所と訪問のそれぞれで1日として記載すること。）
	退院時共同指導加算	算定回数に応じて医療機関での指導実施月日を記載すること。 なお、退院の翌月に初回の訪問看護を実施した場合は、医療機関で指導を実施した月日を記載すること 例　0501 （指導実施日が5月1日の場合）	
	ターミナルケア加算を算定する場合	対象者が死亡した日を記載すること。 なお、訪問看護を月の末日に開始しターミナルケアを行い、その翌日に対象者が死亡した場合は、死亡した年月日を記載すること。 例　20120501 （死亡日が2012年5月1日の場合）	
介護給付費の割引		割引の率を記載すること。 例　5	

複数の摘要記載事項がある場合は、表上の掲載順に従って「／」で区切って記載すること。
　例　ST/260/5（サテライト事業所から260分の訪問介護を5%の割引率で実施した場合。）

厚生労働省資料を基に作成

4　介護報酬の請求③

1　返戻（保留）

　各事業所から請求等のあった「介護給付費請求明細書」および「給付管理票」について、国保連がチェックを行いエラーとなったものを返戻（へんれい）といいます。返戻となった「介護給付費請求明細書」または「給付管理票」は、その請求が認められないので介護報酬は支払われません。

（1）返戻となる主な原因

　返戻の原因には、①必要箇所への入力漏れや誤り、②請求額等の計算誤り、③受給者台帳との不一致、④重複して請求したもの、給付管理票の提出区分誤り、⑤その他審査チェックでエラーとなったもの、などがあります。

　①の必要箇所への入力漏れでは、「適用」欄への必要事項の記載漏れや、居宅介護支援事業所の事業所番号漏れなどがあります。②の計算誤りでは、介護サービスコードの誤りやショートステイでの30日ルールの超過日数の記載ミスなどがあります。③の受給者台帳との不一致では、生年月日や性別が多いようです。④の重複請求は、誤りのあった前回請求の取り下げを行う前に再請求した場合や、国保連側で「保留」になっている請求を再度請求した場合などです。その多くは、介護請求ソフトへの単純な入力ミスが原因での返戻なので、データの入力者とは別の者が入力チェックを行うなどの体制づくりが必要です。

　また、居宅介護支援事業所との連絡不足による不一致も一般的な原

因の1つなので、変更事項などの連絡報告は確実に行うことです。生活保護の認定の有無や、利用者の引越しによる保険者の変更、区分変更中で認定待ちなどがよくある返戻原因です。

（2）返戻と保留

　国保連から請求明細書・給付管理票返戻（保留）一覧表が届いたらエラーコード表を確認の上、適切に対応してください。比較的良く見かける返戻（保留）内容に、「支援事業所に請求明細書に対応した給付管理票の提出依頼が必要」、備考欄に"保留"という記載があります。この表示は、居宅介護支援事業者からの給付管理票の提出がない場合、または給付管理票が返戻となっている場合ですので、一定期間は国保連で給付管理票の提出待ちを行っています。これが「保留」です。

（3）返戻への対処

　通常2カ月の保留期間中に、居宅介護支援事業所から給付管理票が提出されれば、提出された審査年月で保留となっていた請求明細書の支払が行われますので、介護サービス事業者は期間中は何もする必要がありません。入金されないからと再請求してしまうと、「重複請求」理由で返戻の表示となります。

　保留期間内に居宅介護支援事業所から給付管理票が提出されなければ、保留期間終了時点で請求明細書は返戻となります。この場合の備考欄には"返戻"と表示されますので、居宅介護支援事業所に給付管理票の提出を確認した上で再請求の処理が必要です。

　返戻は請求が受け付けられずに差し戻された状態ですので、介護事業所または居宅介護支援事業所は返戻の原因を確認の上、正しい請求を翌月以降に通常の請求と同様に行うこととなります。

2 過誤申立 (取下げ)

　誤って介護報酬を請求した場合に請求を取り下げることを過誤 申^か^ご^{もうし}
立^{たて}といいます。同月過誤と通常過誤とがあり、保険者が定めた様式の
過誤申立書書類を役所に提出します。

　同月過誤は、保険者へ過誤申立を行い、過誤申立をした翌月に国保
連の審査において実績取り下げと再請求を同一審査月に併せて行うこ
とで、全額返還することなく差額分のみ調整を行う方法です。いっぽ
う、通常過誤は保険者へ過誤申立を行い、国保連への再請求はせず明
細書の取り下げを行う方法で、いったん全額を国保連に返金すること
になります。また実績取り下げを行った同一審査月に再請求すること
はできません。

　同月過誤の場合でも、過誤申立をした翌月に再請求をしなかった場
合は通常過誤と同じ取扱いとなり、いったん全額を国保連に返金する
ことになります。

　国保連に請求した介護給付費明細書の内容に誤りがあった場合は、
基本的に同月過誤により差額調整を行います。入院等でまったく利用
実績がないにもかかわらず誤って請求した場合などは、再請求はしま
せんので通常過誤となります。また、審査が終了していないものも過
誤申立ができません。審査が確定したもののみ過誤申立の対象になる
ので、翌月の過誤申立となります。実地指導において介護報酬の請求
に誤りが見つかった場合も通常は過誤申立となります。実地指導にお
いては保険者からの返還請求は行われずに自主返還となるためです。
ただし、実地指導において大きな問題が発覚して監査に切り替わった
場合は行政処分としての介護報酬の返還請求が行われる場合がありま
す。悪質な場合はさらに40％の不正請求の罰金が加算されます。

問題 1 返戻となる原因について３つ挙げよ。

問題 2 伝送請求のメリットを３つ挙げよ。

解答
1

「必要箇所への入力漏れや誤り」「請求額等の計算誤り」「受給者台帳との不一致」「重複して請求したもの、給付管理票の提出区分誤り」等のうちから３つ。

解答
2

「支払通知関係および返戻通知関係が請求月の翌月３日までに取得できる」「受給者別審査決定情報が取得できる」「支援事業所向け給付管理票登録情報が取得できる」「サービス事業所向け給付管理票登録情報が取得できる」「伝送通信ソフトの受付点検機能で事前に簡易チェックが受けられる」「請求期限内であれば変更・修正が可能」のうちから３つ。

第3章
主な基本報酬と加算算定要件

訪問介護①

1 訪問介護の介護報酬イメージ

図表3-1●訪問介護の介護報酬イメージ（1回当たり）

基本報酬

20分未満　身体介護　167単位

20分以上30分未満　身体介護　250単位
30分以上1時間未満　身体介護　396単位

1時間以上1時間30分未満　身体介護　579単位
30分増すごとに＋84単位

生活援助　20分以上45分未満　183単位
生活援助　45分以上　225単位

通院等乗降介助　99単位

＋

加算

身体介護に続き生活援助の提供
20分以上45分未満　67単位
25分を増すごとに＋67単位、201単位を限度

特定事業所加算(Ⅰ)〜(Ⅴ)
介護福祉士等の一定割合以上の配置
重度要介護者等の一定割合以上の利用
＋研修等の実施（＋3%〜＋20%）

訪問リハビリテーション、通所リハビリテーションの理学療法士などが利用者の居宅を訪問する際に、サービス提供責任者が同行する
生活機能向上連携加算(Ⅰ)100単位／月
生活機能向上連携加算(Ⅱ)200単位／月

初回等のサービス提供責任者による対応（200単位／月）

中山間地域等でのサービス提供（＋5%〜＋15%）

緊急時の対応　※身体介護のみ（100単位）

共生型訪問介護を行う場合

指定居宅介護事業所で障害者居宅介護従業者基礎研修課程修了者等により行われる場合　−30%
指定居宅介護事業所で重度訪問介護従業者養成研修修了者により行われる場合　−7%
指定重度訪問介護事業所が行う場合　−7%

厚生労働省資料を基に筆者が作成

（1）基本報酬

1．訪問介護費の基本サービス単位

1）身体介護が中心である場合

  (a) 所要時間20分未満の場合　167単位

  (b) 所要時間20分以上30分未満の場合　250単位

  (c) 所要時間30分以上1時間未満の場合　396単位

  (d) 所要時間1時間以上1時間30分未満の場合　579単位に所要時間から計算して所要時間30分を増すごとに84単位を加算した単位数

2）生活援助が中心である場合

  (a) 所要時間20分以上45分未満の場合　183単位

  (b) 所要時間45分以上の場合　225単位

3）通院等のための乗車又は降車の介助が中心である場合　99単位

2．訪問介護の区分

「身体介護」とは、利用者の身体に直接接触して行う介助と、これを行うために必要な準備および後始末、また利用者の日常生活を営むのに必要な機能の向上等のための介助および専門的な援助をいいます。例えば「食事介助」は、食事摂取のための介助だけではなく、その前後の声かけから後始末までの食事に係る一連の行為全体のことです。具体的な取扱いは「訪問介護におけるサービス行為ごとの区分等について（2000年3月17日老計第10号）」を参照してください。

　また「利用者の日常生活を営むのに必要な機能の向上等のための介助および専門的な援助」とは、利用者の日常生活動作を見守りながら行う手助けや介助に併せて行う専門的な相談助言をいいます。

「生活援助」とは、身体介護以外の掃除、洗濯、調理などの日常生活の援助をいいます。「生活援助」の単位を算定することができるのは、「利用者が1人暮らしであるか、または家族等が障害、疾病等のため利用者や家族等が家事を行うことが困難な場合」とされています。なお、居宅サービス計画に生活援助中心型の訪問介護を位置付ける場合には、居宅サービス計画書に生活援助中心型の算定理由その他やむを得ない事情の内容について記載するとともに、生活全般の解決すべき課題に対して、その解決に必要であって最適なサービスの内容とその方針を明確に記載する必要があります。

「通院等乗降介助」とは、要介護者である利用者に対して、通院等のため「訪問介護員が自ら運転する車への乗車または降車の介助」、「乗車前もしくは降車後の屋内外における移動等の介助」および「通院先もしくは外出先での受診等の手続き、移動等の介助」をいいます。

訪問介護の区分は、身体介護が中心である場合と、生活援助が中心である場合との2区分ですが、1回の訪問介護において「身体介護」と「生活援助」が混在するような場合については、「身体介護」に該当する行為がどの程度含まれるかを基準に、30分を1単位として「身体介護」と「生活援助」を組み合わせて算定します。適切なアセスメントにより、具体的なサービス内容を「身体介護」と「生活援助」に区分してそれに要する標準的な時間で位置付けますが、実際のサービスの提供時には身体介護と生活援助のどちらを先に行っても構いません。

3. 訪問介護の所要時間

訪問介護の所要時間は、以下のとおりです。

1）訪問介護の所要時間については、訪問介護計画において位置付けられたサービスの提供を行うのに要する標準的な時間を明示する。実際に行われた指定訪問介護の時間ではなく、訪問介護計画に明示された時間が介護報酬の請求における所要時間となる。

　標準時間と実際の提供時間が著しく乖離している場合、サービス提供責任者は提供時間を記録し、ケママネジャーに連絡する。

2）所要時間30分未満の身体介護中心型を算定する場合の所要時間は、

20分未満のサービス提供に係る介護報酬は制限が設けられている（54ページ8参照）。

3）前回に提供した訪問介護からおおむね2時間未満の間隔で訪問介護が行われた場合には、別々に算定するのではなく、それぞれの所要時間を合算して1つのサービス提供として請求する。

4）生活援助中心型の所要時間が20分未満の場合については訪問介護費の算定はできないが、複数回にわたる訪問介護を一連のサービス行為とみなすことが可能な場合に限り、訪問介護の所要時間を合計して1回の訪問介護として算定できる。

5）サービス提供の内容が単なる本人の安否確認や健康チェックにおいて、それに伴い若干の身体介護または生活援助を行う場合には、訪問介護費は算定できない。

6）1人の利用者に対して複数の訪問介護員等が交代して訪問介護を行った場合も、1回の訪問介護としてその合計の所要時間に応じた所定単位数を算定する。訪問介護員等ごとにそれぞれ別の複数回の訪問介護として算定することはできない。

4．通院等のための乗車又は降車の介助の算定

1）移送である運転時間中は算定の対象ではない。移送に係る経費は介護報酬においては評価されない。

2）単位の算定は、乗車と降車別々の算定ではなく、片道につき1回の単位数として算定する。

3）複数の要介護者にサービス提供を行った場合、乗降時に1人の利用者に対して1対1で行う場合には、それぞれ算定できる。

4）サービス行為については、具体的に介助する行為が必要。乗降前後の移動・乗降介助・受診手続の一連のサービスを含むので、介助または受診等の手続きを行わない場合には算定対象とならない。

5）算定するに当たっては、適切なアセスメントを通じて、居宅サービス計画に位置付けられている必要がある。

5．「通院等乗降車介助」と「身体介護中心型」の区分

「通院等のための乗車または降車の介助」は通常20分程度のサービ

ス提供ですが、要介護4または要介護5の利用者の場合、20分では足りないことがあります。要介護4または要介護5の利用者で、連続して20～30分程度以上の時間を要し、かつ手間のかかる身体介護を行う場合には、その所要時間に応じた「身体介護中心型」の所定単位数を算定できます。

6.「通院等乗降介助」と通所・短期入所サービスの「送迎」の区分

　通所サービスまたは短期入所サービスにおいて利用者の居宅と当該事業所との間の送迎を行う場合は、利用者の心身の状況により当該事業所の送迎車を利用することができないなど特別な事情のない限り、「通院等乗降介助」は算定できません。

7. 2人の訪問介護員等による訪問介護の取扱い等

　2人の訪問介護員等による訪問介護について、所定単位数の100分の200に相当する単位数が算定される場合は、体重が重い利用者に入浴介助等の重介護を内容とする訪問介護を提供する場合や、エレベータのない建物の2階以上の居室から歩行困難な利用者を外出させる場合等が該当します。

8. 20分未満の身体介護（身体0）

　20分未満の身体介護は、24時間を通して算定可能です。ただし、前回提供した訪問介護サービスから2時間以上経過していない頻回の訪問に関しては、以下の要件を満たす必要があります。①対象者は要介護1～2で認知症、または要介護3～5で障害高齢者の日常生活自立度ランクB～Cの利用者であること、②サービス担当者会議が3カ月に1度以上開催されていて、1週間のうち5回以上の頻回の訪問を含む身体0が必要と認められたものであること、③提供事業所の体制として常時、利用者、家族からの連絡に対応できること、④定期巡回随時対応の指定を受けている、または実施する計画があることの4項目です。

　また、頻回の訪問で、要介護1または2の利用者に対して提供する場合は、指定定期巡回・随時対応型訪問介護看護事業所と一体的に運営しているものに限られます。頻回の訪問でのサービス提供を含む身

体0の利用者の1カ月の訪問介護サービス費の算定上限は、定期巡回随時対応（I）（訪問看護を含まない）の範囲内となります。

9. 訪問介護の回数

　通常より訪問介護の回数が多く盛り込まれているケアプランについては、利用者の市町村が確認し、必要に応じて是正を促します。また、ケアマネジャーが、統計的に見て通常よりかけ離れた回数の訪問介護（生活援助中心型）を位置づける場合は、市町村に届け出ることになります。

2 訪問介護②

1 特定事業所加算

（1）特定事業所加算の種類

①特定事業所加算（Ⅰ）　所定単位数の100分の20に相当する単位数

②特定事業所加算（Ⅱ）　所定単位数の100分の10に相当する単位数

③特定事業所加算（Ⅲ）　所定単位数の100分の10に相当する単位数

④特定事業所加算（Ⅳ）　所定単位数の100分の5に相当する単位数

⑤特定事業所加算（Ⅴ）　所定単位数の100分の3に相当する単位数

　この加算は中重度の要介護者を重点的に受け入れるとともに、人員基準を上回る常勤のサービス提供責任者を配置する事業所についての加算です。その算定要件は、①すべての訪問介護員の個別研修計画を実施している、②常勤のサービス提供責任者2人以下（利用者総数が80人未満）の配置が求められる事業所で、配置要件の規定より常勤のサービス提供責任者を1人以上配置している、③前年度または前3カ月（いずれかの基準を選択可）の利用者の総数のうち要介護3以上の者が60％以上あること、④定期的な会議の開催、⑤定期的な健康診断を実施している、⑥緊急時等における対応方法の明示となります。

　特定事業所加算の各算定要件は、次に定めるところによります。

（2）体制要件

1. 計画的な研修の実施

　訪問介護員ごとに研修計画を作成します。サービス従事者の資質向上のための研修内容の全体像と研修実施のための勤務体制の確保を定

めるとともに、訪問介護員等について個別に具体的な研修の目標、内容、研修期間、実施時期等を定めた研修計画を策定します。

2. 会議の定期的開催

利用者に関する情報、サービス提供に当たっての留意事項の伝達、訪問介護員等の技術指導を目的とした会議が、１カ月に１回以上開催されている必要があります。会議はサービス提供責任者が主宰し、登録ヘルパーも含めてサービス提供に当たる訪問介護員等のすべてが参加するものですが、全員が一堂に会して会議を開催する必要はなく、グループ別の会議で構いません。

なお、会議の開催状況については、その概要を研修記録として記録しなければなりません。

3. 文書等による指示およびサービス提供後の報告

サービス提供責任者は、利用者に関する情報や、利用者のADLや意欲、利用者の主な訴えやサービス提供時の特段の要望、家族を含む環境、前回のサービス提供時の状況その他のサービス提供に当たって必要な事項を文書等の確実な方法で指示します。その方法は、面接しながら文書を手交するほかFAXやメール等でも可能です。また、訪問介護員等から適宜受けるサービス提供終了後の報告内容について、文書にて記録を保存しなければなりません。

4. 定期健康診断の実施

健康診断等については、労働安全衛生法により定期に実施することが義務付けられた「常時使用する労働者」に該当しない登録ヘルパーなどの非常勤の訪問介護員等も含めて、少なくとも１年以内ごとに１回、事業主の費用負担により実施しなければなりません。この事業主の費用負担は、実地指導において領収証の提示を求められた例があります。

5. 緊急時における対応方法の明示

緊急時における対応方法の明示をしなければなりません。事業所における緊急時等の対応方針、緊急時の連絡先および対応可能時間等を記載した文書を利用者に交付し、説明を行うことが必要です。交付す

べき文書は、重要事項説明書等に内容を明記することで要件を満たします。

図表3-2 ●特定事業所加算（訪問介護）算定用件

	特定事業所加算				
	(Ⅰ)	(Ⅱ)	(Ⅲ)	(Ⅳ)	(Ⅴ)
【体制要件】					
(1)計画的な研修の実施					
当該指定訪問介護事業所の全ての訪問介護員等に対し、訪問介護員等ごとに研修計画（個別具体的な研修の目標、内容、研修期間、実施時期等を定めること）を作成し、当該計画に従い、研修を実施または実施を予定していること。	○	○	○	○	○
(2)①会議の定期的開催					
利用者に関する情報もしくはサービス提供に当たっての留意事項の伝達または当該指定訪問介護事業所の訪問介護員等 の技術指導を目的とした会議を定期的（おおむね月1回以上）に開催すること。	○	○	○	○	○
(2)②文書等による指示及びサービス提供後の報告					
指定訪問介護の提供に当たっては、サービス提供責任者が、当該利用者を担当する訪問介護員等に対し、当該利用者に関する情報やサービス提供に当たっての留意事項を、文書等の確実な方法により伝達してから開始すると共に、サービス提供終了後、担当する訪問介護員等から適宜報告を受けること。	○	○	○		○
(3)定期健康診断の実施					
指定訪問介護事業所の全ての訪問介護員等に対し、健康診断等を定期的に開催すること。	○	○	○	○	○
(4)緊急時における対応方法の明示					
指定居宅サービス基準第29条第6号に規定する緊急時等における対応方法が利用者に明示されていること。	○	○	○	○	○
【人材要件】					
(5)訪問介護員等要件					
当該指定訪問介護事業所の訪問介護員等の総数のうち介護福祉士の占める割合が100分の30以上または介護福祉士、介護職員基礎研修課程修了者および1級課程修了者の占める割合が100分の50以上であること。	○	○			
(6)サービス提供責任者要件					
当該指定訪問介護事業所の全てのサービス提供責任者が3年以上の実務経験を有する介護福祉士または5年以上の実務経験を有する介護職員基礎研修課程修了者もしくは1級課程修了者であること。ただし、指定居宅サービス基準第5条第2項により1人を超えるサービス提供責任者を配置することとなっている事業所においては、常勤のサービス提供責任者を2人以上配置していること。	○	○			
(7)重度要介護者等対応要件					
前年度又は算定日が属する月の前3カ月間における利用者の総数のうち、要介護状態区分が要介護4および要介護5である者並びに日常生活に支障をきたすおそれのある症状もしくは行動が認められることから介護を必要とする認知症（日常生活自立度のランクⅢ、Ⅳ又はMに該当）である者の占める割合が100の20以上であること。	○		○		
(8)サービス提供責任者要件					
常勤のサービス提供責任者2人以下の配置が求められる事業所で、規定以上に常勤のサービス提供責任者を1人以上配置していること。				○	
(9)重度要介護者等対応要件					
前年度または前3カ月の利用者の総数の内、要介護3以上のもの等が60％以上あること。				○	
(10)訪問介護員等要件					
訪問介護員の総数の内、勤続年数7年以上のものが30％以上いること。					○

筆者作成

（3）人材要件

1. 訪問介護員等要件

　介護福祉士、実務研修修了者、介護職員基礎研修課程修了者および一級課程修了者の割合については、前年度（3月を除く4月～2月の11カ月）または届出日の属する月の前3カ月の1カ月当たりの実績の平均により常勤換算方法で算出した数を用いて算出します。「介護福祉士または実務研修修了者、介護職員基礎研修課程修了者もしくは一級課程修了者」とは、各月の前月の末日時点で資格を取得している、または研修の課程を修了している者です。

2. サービス提供責任者要件

　サービス提供責任者の「実務経験」は、サービス提供責任者としての従事期間ではなく、在宅や施設を問わず介護に関する業務に従事した期間で、資格取得または研修修了前の従事期間も含めるものとします。人員基準の規定で常勤のサービス提供責任者を2人配置することとされている事業所については、特定事業所加算の算定の要件を満たすためには、常勤のサービス提供責任者を2人以上配置しなければなりません。

　介護職員初任者研修修了者（旧2級課程修了者相当）は任用要件から削除されました。

3. 重度要介護者等対応要件

　要介護4および要介護5である者、並びに日常生活に支障をきたすおそれのある症状もしくは行動が認められることから介護を必要とする認知症である者の割合については、前年度（3月を除く4～2月の11カ月）または届出日の属する月の前3カ月の1カ月当たりの実績の平均について、実利用人数を用いて算定しますが、利用回数を用いて算定することも差し支えありません。

　なお、「日常生活に支障をきたすおそれのある症状もしくは行動が認められることから介護を必要とする認知症である者」とは、日常生活自立度のランクⅢ、ⅣまたはMに該当する利用者をいいます。また喀痰吸引等の事業者登録を受けている場合は、喀痰吸引等の利用者

を含めます。

4. 割合の計算方法

　職員の割合および利用実人員の割合の計算は、前年度の実績が6カ月に満たない事業所については、前年度の実績による加算の届出はできません。また、前3カ月の実績により届出を行った事業所については、届出を行った月以降においても、直近3カ月間の職員または利用者の割合につき、毎月継続的に所定の割合を維持しなければなりません。

　また、その割合については毎月記録する必要があります。所定の割合を下回った場合については、ただちに加算算定の要件を満たさなくなった旨の届出を提出しなければなりません。

3 訪問介護③

1 加算

（1）夜間・早朝・深夜加算

夜間または早朝に訪問介護を行った場合は、1回につき所定単位数の100分の25に相当する単位数を所定単位数に加算し、深夜に訪問介護を行った場合は、1回につき所定単位数の100分の50に相当する単位数を所定単位数に加算します。

算定においては、居宅サービス計画または訪問介護計画上、訪問介護のサービス開始時刻が加算の対象となる時間帯にある場合に加算を算定します。

なお、利用時間が長時間にわたる場合に、加算の対象となる時間帯におけるサービス提供時間が全体のサービス提供時間に占める割合がごくわずかな場合は、加算は算定できません。

（2）特別地域訪問介護加算

特別地域訪問介護加算として1回につき所定単位数の100分の15となります。

別に厚生労働大臣が定める地域に所在する訪問介護事業所またはその一部として使用される事務所の訪問介護員等が指定訪問介護を行った場合に加算します。

（3）緊急時訪問介護加算

1回につき100単位を算定します。訪問介護サービスの提供は計画

に基づかない場合は認められません。しかし緊急を要する場合の対応として、利用者またはその家族等からの要請に基づき、介護支援専門員が必要と認めた場合において居宅サービス計画にも基づかない日時に訪問介護サービスの提供を「緊急に行った場合」に加算します。

「緊急に行った場合」とは、居宅サービス計画に位置付けられていない身体介護が中心の訪問介護を、利用者またはその家族等から要請を受けてから24時間以内に行った場合で、1回の要請につき1回を限度として算定できます。

ただし、やむを得ない事由により介護支援専門員と事前の連携を図れない場合には、訪問介護事業所により緊急に身体介護中心型の訪問介護が行われた場合で事後に介護支援専門員によって訪問が必要であったと判断された場合に、加算の算定は可能です。

訪問介護の所要時間については、利用者またはその家族等からの要請内容から、訪問介護に要する標準的な時間を介護支援専門員が判断することになります。

所要時間が20分未満であっても30分未満の身体介護中心型の所定単位数の算定および当該加算の算定は可能で、加算の対象となる訪問介護と訪問介護の前後に行われた訪問介護の間隔が2時間未満であった場合であっても、それぞれの所要時間に応じた所定単位数を算定します。所要時間を合算する必要はありません。

緊急時訪問介護加算の対象となる指定訪問介護の提供を行った場合は、要請のあった時間、要請の内容、当該訪問介護の提供時刻および緊急時訪問介護加算の算定対象である旨等を記録しなければなりません。

(4) 初回加算

初回加算200単位。新規に訪問介護計画を作成した利用者に対して、サービス提供責任者が、初回もしくは初回日の属する月に訪問介護サービスの提供を行った場合またはその他の訪問介護員等が初回もしくは初回日の属する月に訪問介護サービスの提供を行った際にサービ

ス提供責任者が同行した場合は、1カ月につき所定単位数を加算します。

　初回加算は、利用者が過去2カ月間に、その訪問介護事業所から訪問介護サービスの提供を受けていない場合に算定されます。サービス提供責任者が同行した場合については、同行訪問した旨を記録する必要があります。この場合、サービス提供責任者は訪問介護に要する時間を通じて滞在することは必ずしも必要ではなく、利用者の状況等を確認した上で、途中で現場を離れた場合であっても算定は可能です。

(5) 複数の要介護者がいる世帯で同一時間帯に利用

　それぞれの利用者に標準的な所要時間を見込んで居宅サービス計画上に位置付けます。例えば、要介護認定を受けている夫婦のみの世帯に100分間訪問し、夫に50分の訪問介護（身体介護中心）、妻に50分の訪問介護（身体介護中心）を提供した場合、夫、妻それぞれ396単位ずつ算定されます。ただし、生活援助については要介護者間で適宜所要時間を振り分けることとなります。

(6) 生活機能向上連携加算

　(Ⅰ)は、1カ月につき100単位を算定します。サービス提供責任者が、指定訪問リハビリテーション事業所、指定通所リハビリテーション事業所またはリハビリテーションを実施している医療提供施設の医師、理学療法士、作業療法士または言語聴覚士の助言に基づき、生活機能の向上を目的とした訪問介護計画を作成し、計画に基づく指定訪問介護を行ったときは、初回実施月に、所定単位数を加算します。

　(Ⅱ)は、1カ月につき200単位を算定します。利用者に対して、指定訪問リハビリテーション事業所、指定通所リハビリテーション事業所またはリハビリテーションを実施している医療提供施設の医師、理学療法士、作業療法士または言語聴覚士が、指定訪問リハビリテーション、指定通所リハビリテーション等の一環として利用者の居宅を訪問する際にサービス提供責任者が同行する等により、医師、理学療法士、

作業療法士または言語聴覚士と利用者の身体の状況等の評価を共同して行い、かつ、生活機能の向上を目的とした訪問介護計画を作成した場合であって、医師、理学療法士、作業療法士または言語聴覚士と連携し、計画に基づく訪問介護を行ったときは、初回実施月以降3カ月の間、1カ月につき所定単位数を加算します。ただし、前述の加算(I)を算定している場合は、算定しません。

(7) 認知症専門ケア加算

(1)認知症専門ケア加算(I) 3単位／日

(2)認知症専門ケア加算(Ⅱ) 4単位／日

〈認知症専門ケア加算(I)〉

・認知症高齢者の日常生活自立度Ⅲ以上の者が利用者の100分の50以上であること。

・認知症介護実践リーダー研修修了者を認知症高齢者の日常生活自立度Ⅲ以上の者が20名未満の場合は1名以上、20名以上の場合は1に、当該対象者の数が19を超えて10又は端数を増すごとに1を加えて得た数以上配置し、専門的な認知症ケアを実施します。

・当該事業所の従業員に対して、認知症ケアに関する留意事項の伝達又は技術的指導に係る会議を定期的に開催します。

〈認知症専門ケア加算(Ⅱ)〉

・認知症専門ケア加算(I)の要件を満たし、かつ、認知症介護指導者養成研修修了者を1名以上配置し、事業所全体の認知症ケアの指導等を実施します。

・介護職員ごとの認知症ケアに関する研修計画を作成し、実施又は実施を予定します。

4 訪問看護①

1 訪問看護の介護報酬イメージ

図表3-3 ●訪問看護の介護報酬イメージ（1回当たり）

基本報酬

20分未満　313単位（265単位）
30分未満　470単位（398単位）
30分以上1時間未満　821単位（573単位）
1時間以上1時間30分未満　1,125単位（842単位）
理学療法士、作業療法士、言語聴覚士の場合※2 293単位

※1　（　）は病院・診療所の場合
※2　1日に2回を超えて実施する場合は、1回につき100分の90

＋

加算／減算

緊急時の訪問体制の整備574（315）単位／月
複数名によるサービス提供 （Ⅰ）30分未満　254単位　30分以上　402単位 （Ⅱ）30分未満　201単位　30分以上　317単位
看護体制強化加算　（Ⅰ）600単位　（Ⅱ）300単位
特別な医学的管理を要する者への長時間サービス 300単位
ターミナルケアの実施　2,000単位／月
3年以上勤務する者を一定以上配置＋研修等の実施　6単位／回
退院時共同指導加算　600単位／回
初回加算　300単位／月
看護・介護職員連携強化加算　250単位／月
定期巡回・随時対応型サービス連携型訪問看護 2,954単位／月
医療保険の訪問看護を利用している場合の減算 97単位／日
中山間地域等でのサービス提供（＋5％～＋15％）
准看護師によるサービス提供（－10％）

厚生労働省資料を基に筆者が作成

（1）訪問看護の基本報酬

1．訪問看護費の基本サービス単位

1）指定訪問看護ステーションの場合

  (a)所要時間20分未満の場合　313単位

  (b)所要時間30分未満の場合　470単位

  (c)所要時間30分以上1時間未満の場合　821単位

  (d)所要時間1時間以上1時間30分未満の場合　1,125単位

2）病院または診療所の場合

  (a)所要時間20分未満の場合　265単位

  (b)所要時間30分未満の場合　398単位

  (c)所要時間30分以上1時間未満の場合　573単位

  (d)所要時間1時間以上1時間30分未満の場合　842単位

3）理学療法士、作業療法士、言語聴覚士の場合　293単位

2．2人の看護師等による訪問看護について

　同時に複数の看護師等が1人の利用者に対して指定訪問看護を行ったときは、次に掲げる区分に応じ、1回につきそれぞれの単位数を所定単位数に加算します。

1）所要時間30分未満の場合254単位

2）所要時間30分以上の場合402単位

　この場合の加算は、利用者またはその家族等の同意を得ている場合で、体重が重い利用者を1人が支持しながら必要な処置を行う場合や暴力行為や迷惑行為が認められる等、1人で看護を行うことが困難な場合に認められます。この場合の加算は、両名とも保健師、看護師、准看護師、理学療法士、作業療法士、言語聴覚士であることが要件です。なお、ただ単に2人の看護師等が訪問看護を行ったのでは算定できません。

　また、看護師等が看護補助者と指定訪問看護を行ったときは、次のように加算します。

1）所要時間30分未満の場合201単位

2）所要時間30分以上の場合317単位

3.　長時間の訪問看護について

　訪問看護に関し特別な管理を必要とする利用者に対して、所要時間1時間以上1時間30分未満の訪問看護を行った後に引き続き訪問看護を行う場合で、訪問看護の所要時間を通算した時間が1時間30分以上となるときは、1回につき300単位を所定単位数に加算します。この加算については、看護師が行う場合であっても准看護師が行う場合であっても同じ単位を算定できます。

4.　理学療法士等の場合

　理学療法士等による訪問看護は、看護職員の代わりに訪問することを利用者に説明同意を得た上で、訪問看護計画書、報告書を看護職員と連携して作成し、サービスの開始時と、概ね3カ月に一度、理学療法士等に代わって看護職員による訪問が必要です。

5.　准看護師の訪問予定が、准看護師以外の訪問で行われた場合

①准看護師の訪問予定が、事業所の事情により保健師又は看護師が訪問した場合、所定単位数に100分の90を乗じて得た単位数を算定する。また、保健師又は看護師の訪問予定が、事業所の事情により准看護師が訪問した場合准看護師が訪問する場合の単位数（所定単位数の100分の90）を算定する。

②准看護師の訪問予定が、事業所の事情により理学療法士等が訪問した場合、理学療法士等の場合の所定単位数を算定する。また、理学療法士等の訪問予定が、事業所の事情により准看護師が訪問する場合、理学療法士等の場合の所定単位数を算定する。

5 訪問看護②

1 加算

（1）夜間・早朝・深夜加算

　夜間または早朝に指定訪問看護を行った場合は、1回につき所定単位数の100分の25に相当する単位数を所定単位数に加算し、深夜に指定訪問看護を行った場合は、1回につき所定単位数の100分の50に相当する単位数を所定単位数に加算します。この取扱いは訪問介護と同様であり、20分未満の訪問の場合についても同じです。

（2）特別地域訪問看護加算

　別に厚生労働大臣が定める地域に所在する訪問看護事業所またはその一部として使用される事務所の看護師等が訪問看護を行った場合は、特別地域訪問看護加算として1回につき所定単位数の100分の15に相当する単位数を所定単位数に加算します。

　取扱いは訪問介護と同じですが、15％加算の計算における単位数には緊急時訪問看護加算、特別管理加算およびターミナルケア加算は含まないので注意してください。

（3）緊急時訪問看護加算

　1カ月につき574単位を算定します。病院・診療所315単位。利用者の同意を得て、利用者またはその家族等に対して運営基準によって24時間連絡体制にあり、利用者またはその家族等から電話等により看護に関する意見を求められた際に常時対応できる体制にある事業所

において、計画的に訪問することとなっていない緊急時訪問を必要に応じて行う場合の加算です。加算のほかに緊急時訪問の所要時間に応じた所定単位数を算定することを説明し、その同意を得た場合に加算します。この場合、居宅サービス計画の変更が必要です。

　訪問看護を担当する医療機関が、利用者の同意を得て、計画的に訪問することとなっていない緊急時訪問を必要に応じて行う場合は、緊急時訪問看護加算として1カ月につき315単位を所定単位数に加算します。介護報酬の計算では、その月の第1回目の介護保険の給付対象となる訪問看護を行った日の所定単位数に加算します。緊急時訪問看護加算は、1人の利用者に対し1カ所の事業所に限り算定できるものです。

　早朝・夜間、深夜の加算は算定できません。ただし、特別管理加算を算定する状態の利用者に対する1カ月以内の2回目以降の緊急時訪問については、早朝・夜間、深夜の訪問看護に係る加算を算定します。この加算を介護保険で請求した場合は、医療保険では24時間連絡体制加算は算定できません。

（4）特別管理加算

　1カ月につき特別管理加算(I)500単位、特別管理加算(II)250単位を算定します。特別な管理を必要とする利用者に対して訪問看護の実施に関する計画的な管理を行った場合、特別管理加算として所定単位数に加算します。介護報酬の計算では、その月の第1回目の介護保険の給付対象となる訪問看護を行った日の所定単位数に加算します。

　特別管理加算は、1人の利用者に対し、1カ所の事業所に限り算定できますが、2カ所以上の事業所から訪問看護を利用する場合については、その分配は事業所相互の合議となります。なお、この加算を介護保険で請求した場合は医療保険では重症者管理加算は請求できません。また、訪問の際、症状が重篤であった場合には、速やかに医師による診療を受けることができるよう必要な支援を行わなければいけません。

（5）ターミナルケア加算

　利用者の死亡月につき2,000単位を算定します。在宅で死亡した利用者について、訪問看護事業所が、その死亡日及び死亡日前14日以内に2日（死亡日及び死亡日前14日以内に当該利用者（末期の悪性腫瘍その他別に厚生労働大臣が定める状態にあるものに限る。）に対して訪問看護を行っている場合にあっては1日）以上ターミナルケアを行った場合は、所定単位数に加算します。

　在宅で死亡した利用者の死亡月に加算しますが、ターミナルケアを最後に行った日の属する月と利用者の死亡月と異なる場合には、死亡月に算定します。また、ターミナルケアを実施中に死亡診断を目的として医療機関へ搬送し24時間以内に死亡が確認される場合等は、加算を算定できます。なお、1人の利用者に対し1カ所の事業所に限り算定できます。

　主治の医師の特別な指示があった場合の取扱いでは、訪問看護を利用しようとする者の主治の医師（介護老人保健施設の医師を除く）が、急性増悪等により一時的に頻回の訪問看護を行う必要がある旨の特別指示（訪問看護ステーションにおいては特別指示書の交付）があった場合は、交付の日から14日間を限度として医療保険の給付対象となりますので、訪問看護費は算定しません。なお、医療機関の訪問看護の利用者について、急性増悪等により一時的に頻回の訪問看護を行う必要があって、医療保険の給付対象となる場合には、頻回の訪問看護が必要な理由、その期間等について診療録に記載しなければなりません。

（6）退院時共同指導加算

　1回に限り、600単位を算定します。利用者が病院、診療所または介護老人保健施設もしくは介護医療院から退院または退所するにあたり、指定訪問看護ステーションの看護師等が、退院時に共同指導を行った後に、退所後に初回の指定訪問看護を行った場合に、退院または退所につき1回（特別な管理を必要とする場合は2回）に限り加算します。

初回加算を算定する場合は算定できません。

（7）看護・介護職員連携強化加算

　1カ月に1回につき250単位を算定します。医療行為認定事業所の登録を受けた指定訪問介護事業所と連携し、その事業所の訪問介護員等が利用者に対して介護職員による医療行為（特定行為業務）を円滑に行うための支援を行った場合に加算を算定します。

（8）看護体制強化加算

　（I）は、1カ月につき550単位を算定します。医療ニーズの高い利用者への指定訪問看護の提供体制を強化した場合の加算です。その算定要件は、①前6カ月の利用者総数のうち、緊急時訪問看護加算を算定した利用者が50％以上であること、②前6カ月の利用者総数のうち、特別管理加算を算定した利用者が20％以上であること、③前12カ月におけるターミナルケア加算を算定した利用者が5人以上であることの3点です。その場合の実利用者の総数は、複数回利用者も1人として計算します。職員に占める看護職員が6割以上である必要があります。

　（II）は、200単位を算定します。算定要件は、①②は前述と同じで、③の利用者の数が「1人以上」になります。

（9）サービス提供体制強化加算

(1)指定訪問看護ステーション

　サービス提供体制強化加算(I)　1回につき6単位

　サービス提供体制強化加算(II)　1回につき3単位

(2)病院・診療所

　サービス提供体制強化加算(I)　1カ月につき50単位

　サービス提供体制強化加算(II)　1カ月につき25単位

6　通所介護①

1　通所介護の介護報酬イメージ

図表3-4●通所介護の介護報酬イメージ（1回当たり）

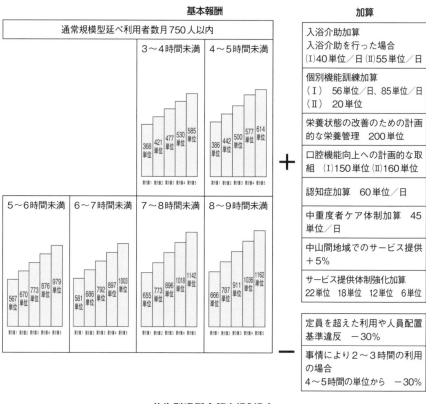

共生型通所介護を行う場合

指定生活介護事業所が行う場合　-7%
指定自立訓練事業所が行う場合　-5%
指定児童発達支援事業所が行う場合　-10%
指定放課後等デイサービス事業所が行う場合　-10%

厚生労働省資料を基に筆者が作成

（1）基本報酬

1．指定通所介護の施設基準と事業所規模による区分の取扱い

1）通常規模型通所介護費（前年度の1カ月当たりの平均利用延人員数が750人以内）

2）大規模型通所介護費（I）（前年度の1カ月当たりの平均利用延人員数が751～900人以内）

3）大規模型通所介護費（II）（前年度の1カ月当たりの平均利用延人員数が900人超）

（2）時間区分

1．共通時間区分

◎3時間以上4時間未満

◎4時間以上5時間未満

◎5時間以上6時間未満

◎6時間以上7時間未満

◎7時間以上8時間未満

◎8時間以上9時間未満

　上記の平均利用延人員数の算出計算は、毎年度3月31日時点において、前年の4月～当年2月の11カ月における1カ月当たりの平均利用延人員数です。

　計算では、7時間以上の利用者数を100として、利用時間に応じて利用者数に所定の割合を乗じた数字を平均利用延人員数として集計します。4時間未満（利用者数×50％）、4時間以上6時間未満（利用者数×75％）となります。

　人数の計算に当たっては、一体的に提供している介護予防通所介護事業所の平均利用延人員数を含みます。介護予防通所介護の利用時間が、4時間未満（利用者数×50％）、4時間以上6時間未満（利用者数×75％）です。ただし、介護予防通所介護事業所の利用者については、同時にサービスの提供を受けた者の最大数を営業日ごとに加えていく方法によって計算しても差し支えありません。

　前年度の実績が6カ月に満たない事業者（新たに事業を開始し、または再開した事業者を含む）または前年度から定員をおおむね25％以上変更して事業を実施しようとする事業者は、その年度の平均利用延人員数については、便宜上、都道府県知事に届け出た当該事業所の利用定員の90％に予定される1カ月当たりの営業日数を乗じて得た数とします。

2.　サービスの算定時間

　現に要した時間ではなく、通所介護計画に位置付けられた内容のサービスを行うのに要する標準的な時間で所定単位数を算定します。これは、単に当日のサービス進行状況や利用者の家族の出迎え等の都合で、当該利用者が通常の時間を超えて事業所にいる場合などは、通所介護のサービスが提供されているとは認められないため、当初計画に位置付けられた所要時間に応じた所定単位数で介護報酬が算定されるということです。このような「預かり」サービスについては、利用者から別途利用料を徴収して差し支えないとされています。

　また、送迎に要する時間は含まれません。送迎の遅れ等でサービス提供時間が縮小された場合は、実際のサービス提供時間で介護報酬を算定するとの会計検査院の通知も出ています。

3.　利用者の心身の状況による時間短縮の取扱い

　通所介護計画上、8時間以上9時間未満の通所介護を行っていたが、当日の利用者の心身の状況から5時間の通所介護を行った場合には、8時間以上9時間未満の通所介護の単位数を算定できます。こうした取扱いは、8〜9時間のサービスのプログラムが個々の利用者に応じて作成され、当該プログラムに従って単位ごとに効果的に実施されている事業所を想定しています。限定的に適用されるものであり、当初の通所介護計画に位置付けられた時間よりも大きく短縮した場合は、当初の通所介護計画を変更・再作成されるべきで、変更後の所要時間に応じた所定単位数を算定します。次のような例があります。

1）利用者が定期検診のために6時間程度のサービスを行った場合は、利用者の当日の希望を踏まえて当初の通所サービス計画を変更し、

再作成して6時間程度の所要時間に応じた所定単位数を算定する。

2）利用者の当日の希望により3時間程度の入浴のみのサービスを行った場合、利用者の当日の希望を踏まえて当初の通所サービス計画を変更・再作成して3時間程度の所要時間に応じた所定単位数を算定する。

3）8時間以上9時間未満の通所介護を行っていたが、当日利用者の心身の状況から1〜2時間で中止した場合は、当初の通所サービス計画に位置付けられていた時間よりも大きく短縮しているため、当日のキャンセルとして通所サービスを算定できない。

4）緊急やむを得ない場合における併設医療機関の受診による通所サービスの利用の中止については、併設医療機関等における保険請求が優先され、通所サービスについては変更後の所要時間に応じた所定単位数を算定しなければならない。

4. 複数の指定通所介護の単位の利用

　同一の日の異なる時間帯に2以上の単位を行う事業所で、利用者が同一の日に複数の通所介護の単位を利用する場合には、それぞれの通所介護の単位について所定単位数が算定されます。

5. 通所サービス利用時の理美容サービスの利用

　理美容サービスは介護保険による通所サービスには含まれませんが、通所サービスとの区分が明確であれば、通所サービスの提供時間中に、理美容サービスを受けることは問題ありません。この場合、通所サービスとそれ以外のサービスの区分が明確になされた通所サービス計画について本人に対する説明と了解を得ていること、通所サービスの利用料とは別に費用請求が行われていることが必要です。

　また、利用者に必要なものとして当初から予定されている通所サービスの提供プログラム等に影響しないよう配慮が必要です。なお、通所サービスの提供時間には、理美容サービスに要した時間は含まれません。

6. 2時間以上3時間未満の算定

　2時間以上3時間未満の通所介護の単位数を算定できる利用者は、

心身の状況から、長時間のサービス利用が困難である者、病後等で短時間の利用から始めて長時間利用に結びつけていく必要がある者など、利用者側のやむを得ない事情により長時間のサービス利用が困難な者です。

　2時間以上3時間未満の通所介護であっても、通所介護の本来の目的に照らし、単に入浴サービスのみといった利用は適当ではなく、利用者の日常生活動作能力などの向上のため、日常生活を通じた機能訓練等が実施される必要があります。

7. 8時間以上9時間未満の算定

　所要時間8時間以上9時間未満の通所介護の前後に連続して日常生活上の世話を行う場合については、5時間を限度として加算が算定されます。例えば、9時間の通所介護の後に連続して5時間の延長サービスを行った場合、9時間の通所介護の前に連続して1時間、後に連続して4時間、合計5時間の延長サービスを行った場合には、5時間分の延長サービスとして250単位が算定されます。また、この加算は通所介護と延長サービスを通算した時間が9時間以上の部分について算定されるものであるため、例えば、8時間の通所介護の後に連続して3時間の延長サービスを行った場合には、通所介護と延長サービスの通算時間は11時間であり、2時間分（＝11時間－9時間）の延長サービスとして100単位が算定されます。

8. 感染症や災害の影響により利用者が減少した場合の特例措置

ア 事業所規模別の報酬区分の決定にあたって、より小さい規模区分がある大規模型ⅠまたはⅡを算定している場合、前年度の平均延べ利用者数ではなく、感染症や災害の影響によって延べ利用者数の減が生じた月の実績を基礎とすることができます。

イ 感染症や災害の影響によって延べ利用者数の減が生じた月の実績が前年度の平均延べ利用者数から5％以上減少している場合に、基本報酬の3％の加算を算定できます。この場合は、区分支給限度基準額の算定に含めません。

ア・イともに、利用者減の翌月15日までに届出、翌々月から適用し

ます。利用者数の実績が前年度平均等に戻った場合は、その翌月15日までに届出して翌々月から通常に戻ります。

　大規模区分を算定している場合で、ア・イともに該当する場合は、アを算定します。アに該当せず、イに該当する場合はイを算定します。3％加算の算定届出は年度内に1度しか行うことができません。一度3％加算を算定した際とは別の感染症や災害を事由とする場合にのみ、再度3％加算を算定することが可能です。該当する感染症や災害、および算定期限については、都度、厚生労働省または保険者から通知されます。

7 通所介護②

1 加算

（1）入浴介助加算

　入浴介助を行った場合に、1日につき区分（Ⅰ）40単位、区分（Ⅱ）55単位を算定します。

　（Ⅰ）は、1日につき40単位を算定します。入浴介助加算は、入浴中の利用者の「観察」を含む介助を行う場合について算定されます。この場合の観察とは、自立生活支援のための見守り的援助のことです。利用者の自立支援や日常生活動作能力などの向上のために、極力利用者自身の力で入浴し、必要に応じた介助、転倒予防のための声かけ、気分の確認などを行うことで、結果として身体に直接接触する介助を行わなかった場合も、加算の対象となります。ただし、通所介護計画上、入浴の提供が位置付けられている場合でも、利用者側の事情により入浴を実施しなかった場合については加算を算定できません。

　（Ⅱ）は、1日につき55単位を算定します。①、医師、理学療法士、作業療法士、介護福祉士、介護支援専門員等が利用者の居宅を訪問（個別機能訓練加算の訪問等を含む。）して、利用者の状態をふまえて、浴室における当該利用者の動作及び浴室の環境を評価します。

　②、機能訓練指導員等が共同して、利用者の居宅を訪問して評価した者と連携して、利用者の身体の状況や訪問により把握した利用者の居宅の浴室の環境等を踏まえた個別入浴計画を作成します。

　③、個別入浴計画に基づいて、個浴その他の利用者の居宅の状況に近い環境で、入浴介助を行います。利用者が自身の身体機能のみを活

用し行うことができる動作は、見守り的援助を、介助を行う必要がある動作については、利用者の状態に応じた身体介助を行います。職員は必要な介護技術の習得に努めなければなりません。

（2）個別機能訓練加算

1. 個別機能訓練加算(I)イ　　56単位
   個別機能訓練加算(I)ロ　　85単位

　(I)イの要件である機能訓練指導員とは別に、サービス提供時間を通じて専従の機能訓練指導員を配置した場合は、(I)ロ　85単位を算定します。また、2名の配置が無く1名配置の日は、(I)イを算定することが出来ます。ただし、日々の機能訓練指導員の配置人数は、事前に利用者、ケアマネジャーに通知していることが要件となります。

　専従の機能訓練指導員として理学療法士等を1人以上配置して行います。(I)にあるサービス提供時間を通じての配置と常勤の規定の算定要件はありません。看護師の資格者が、午前中に看護職員、午後から機能訓練指導員として配置された場合の算定も可能です。機能訓練指導員が利用者の居宅を訪問して利用者の居宅での生活状況(起居動作、ADL、IADL等)を確認し、その適切なアセスメントによって利用者のADLおよびIADLの状況を把握して、日常生活における生活機能の維持・向上に関する目標(1人で入浴ができるようになりたい等)を設定のうえ、機能訓練指導員、看護職員、介護職員、生活相談員その他の職種の者が共同して、利用者の生活機能向上に資するよう利用者ごとの心身の状況を重視した個別機能訓練計画を作成して実施します。

　機能訓練は、個別に、もしくは類似の目標をもち同様の訓練内容が設定された5人程度以下の利用者の小集団(個別対応含む)に対して、機能訓練指導員が直接行う必要があります。介護職員などの代行は不可です。

　必要に応じて事業所内外の設備等を用いた実践的かつ反復的な訓練を、計画的・継続的に行う必要があることから、おおむね週1回以上

実施することが目安になります。3カ月に1回以上の頻度で機能訓練指導員等が利用者の居宅を訪問し、利用者の居宅での生活を確認した上で、利用者または家族に機能訓練の内容、評価や進捗状況を説明して記録するとともに機能訓練の見直しを行います。

2. 個別機能訓練加算（Ⅱ）　20単位／月

少なくても、3月に一度、LIFEにデータを提供してフィードバックを活用していることが必要です。

（3）若年性認知症利用者受入加算

1日につき60単位を算定します。受け入れた若年性認知症利用者ごとに個別に担当者を定め、その者を中心に当該利用者の特性やニーズに応じたサービス提供を行うこととされています。

（4）栄養改善加算

3カ月以内の期間に限り1カ月に2回を限度として、1回につき200単位を算定します。栄養改善加算の算定に係る栄養改善サービスの提供は、事業所の従業者として、または外部との連携により管理栄養士を1名以上配置した上で、利用者ごとに行われるケアマネジメントの一環として行われます。厚労省が定める規定に該当する栄養改善サービスの提供が必要と認められる利用者が対象となります。継続的に管理栄養士等がサービス提供を行うことにより栄養改善の効果が期待できると認められるものについては、引き続き算定することができます。

なお管理栄養士は、必要に応じて居宅を訪問しなければなりません。

（5）口腔機能向上加算

（Ⅰ）は、3カ月以内の期間に限り1カ月に2回を限度として、1回につき150単位を算定します。口腔機能向上加算の算定に係る口腔機能向上サービスの提供は、言語聴覚士、歯科衛生士または看護職員を1名以上配置して、口腔機能向上サービスの提供が必要と認められる

利用者ごとに行われるケアマネジメントの一環として行われます。

　口腔機能向上サービスの開始からおおむね3カ月ごとの利用者の口腔機能の評価の結果、継続的にサービス提供を行うことにより、口腔機能の向上の効果が期待できると認められる利用者については、継続的に算定することができます。歯科医療を受診している場合で、医療保険において歯科診療報酬点数表に掲げる摂食機能療法を算定している場合などの要件に該当する場合は、加算は算定できません。

　(Ⅱ)は、1回につき160単位を算定します。LIFEにデータ提出した場合に算定します。

(6) 認知症加算

　1日につき60単位を算定します。実施加算のため、加算の算定は日常生活自立度Ⅲ以上の利用者のみとなります。この加算は、認知症高齢者の日常生活自立度Ⅲ以上の者を積極的に受け入れるための体制を整えている事業所を評価します。算定要件は、①通常の配置要件に加えて、看護職員または介護職員を常勤換算で2人以上確保していること、②前年または前3カ月の日常生活自立度Ⅲ以上の利用者が20%以上であること、③提供時間を通じて専従の認知症研修(認知症介護指導者研修、認知症介護実践リーダー研修、認知症介護実践者研修)を終えた職員を1人以上配置することが必要です。中重度者ケア体制加算との同時算定は可能ですが、認知症加算と若年性認知症利用者受入加算の同時算定は不可です。

(7) 中重度者ケア体制加算

　1日につき45単位を算定します。体制加算のため利用者全員の算定となります。要介護3以上の高齢者を積極的に受け入れる体制を整えている事業所を評価します。算定要件は、①通常の配置要件に加えて、看護職員または介護職員を常勤換算で2人以上確保していること、②前年または前3カ月の要介護3以上の利用者30%以上であること、③提供時間を通じて専従の看護職員を1人以上配置することが必要で

す。この場合、看護職員は他の職種との兼務は認められません。

(8) 生活機能向上連携加算

(Ⅰ)は、1カ月につき100単位を算定します。原則3カ月に1回を限度とします。外部の理学療法士等や医師からの助言を受けることができる体制を構築して、助言を受けた上で、機能訓練指導員等が生活機能の向上を目的とした個別機能訓練計画を作成します。外部の理学療法士等や医師は、通所リハビリテーション等のサービス提供の場又はICTを活用したテレビ電話や動画等によって、利用者の状態を把握した上で、助言を行います。

(Ⅱ)は、1カ月につき200単位を算定します。個別機能訓練加算を算定している場合には1カ月につき100単位を算定します。

算定要件は、①指定訪問リハビリテーション事業所または指定通所リハビリテーション事業所もしくは医療提供施設(許可病床数が200床未満のものまた中心とした半径4キロメートル以内に診療所が存在しないものに限る)の理学療法士、作業療法士、言語聴覚士または医師が、事業所を訪問し、事業所の機能訓練指導員等と共同してアセスメントし、利用者の身体の状況等の評価及び個別機能訓練計画の作成を行っている。その際、理学療法士等は機能訓練指導員等に対して、日常生活上の留意事項、介護の工夫等に関する助言を行っている。②個別機能訓練計画に基づき、利用者の身体機能または生活機能向上を目的とする機能訓練の項目を準備し、機能訓練指導員等が、利用者の心身の状況に応じた機能訓練を適切に提供して記録している、③個別機能訓練計画の進捗状況等を理学療法士等が3カ月ごとに1回以上事業所を訪問して、機能訓練指導員等と共同して評価し、利用者またはその家族に対して機能訓練の内容と個別機能訓練計画の進捗状況等を説明し、必要に応じて訓練内容の見直し等を行っている、です。

(9) ADL維持等加算

ADL維持等加算(Ⅰ) 30単位/月

　　ADL維持等加算(Ⅱ)　60単位／月

〈ADL維持等加算(Ⅰ)〉

イ　利用者等(当該施設等の評価対象利用期間が6月を超える者)の総数が10人以上であること。

ロ　利用者等全員について、利用開始月と、当該月の翌月から起算して6月目(6月目にサービスの利用がない場合はサービスの利用があった最終月)において、Barthel Index(以下、BI)を適切に評価できる者がADL値を測定し、測定した日が属する月ごとに厚生労働省に提出していること。

ハ　利用開始月の翌月から起算して6月目の月に測定したADL値から利用開始月に測定したADL値を控除し、初月のADL値や要介護認定の状況等に応じた値を加えて得た値(調整済ADL利得)について、利用者等から調整済ADL利得の上位及び下位それぞれ1割の者を除いた者を評価対象利用者等とし、評価対象利用者等の調整済ADL利得を平均して得た値が1以上であること。

〈ADL維持等加算(Ⅱ)〉

○　ADL維持等加算(Ⅰ)のイとロの要件を満たすこと。

○　評価対象利用者等の調整済ADL利得を平均して得た値が2以上であること。

(10)栄養スクリーニング加算

〈口腔・栄養スクリーニング加算(Ⅰ)〉20単位／回

○　介護サービス事業所の従業者が、利用開始時及び利用中6月ごとに利用者の口腔の健康状態及び栄養状態について確認を行って、その情報を、利用者を担当するケアマネジャーに提供します。

　　(※栄養アセスメント加算、栄養改善加算及び口腔機能向上加算との併算定は不可です)

〈口腔・栄養スクリーニング加算(Ⅱ)〉5単位／回

○利用者が、栄養改善加算や口腔機能向上加算を算定している場合、口腔の健康状態もしくは栄養状態のいずれかの確認を行い、その情

報を利用者を担当するケアマネジャーに提供します。

（11）生活相談員配置等加算

　共生型通所介護を行っている場合、1日につき13単位を算定します。

　算定要件は、①生活相談員を1名以上配置していること、②地域に貢献する活動を行っていること、です。

（12）栄養アセスメント加算

　1カ月につき50単位を算定します。事業所の従業者又は外部との連携によって管理栄養士を1名以上配置します。利用者ごとに、管理栄養士、看護職員、介護職員、生活相談員その他の職種の者が共同して栄養アセスメントを実施して、利用者又はその家族に対してその結果を説明し、相談等に必要に応じ対応します。利用者ごとの栄養状態等の情報をLIFEに提出し、栄養管理の実施に当たって、フィードバックされた栄養管理の適切かつ有効な実施のために必要な情報を活用することで算定出来ます。口腔・栄養スクリーニング加算（I）及び栄養改善加算との併算定は不可です

（13）科学的介護推進体制加算

　1カ月につき40単位を算定します。原則として利用者全員を対象として、事業所の利用者全員に対して算定できるものです。事業所は、利用者に提供するサービスの質を常に向上させていくために、計画（Plan）、実行（Do）、評価（Check）、改善（Action）のサイクル（PDCAサイクル）によって、質の高いサービスを実施する体制を構築します。また、その更なる向上に努めることが重要です。情報を厚生労働省に提出するだけでは、加算の算定対象とはなりません。利用者ごとに、提供すべき月の翌月10日までに提出することが必要です。情報を提出すべき月について情報の提出を行えない事実が生じた場合には、直ちに訪問通所サービス通知第1の5の届出を提出しなければなりません。その事実が生じた月のサービス提供分から情報の提出が行われた

月の前月までの間については、利用者全員について加算を算定できません。

2　減算

（1）人員基準を満たさない場合の減算

　所定単位数に100分の70を乗じます。人員基準に定める員数の看護職員および介護職員が配置されていない状況で行われた通所介護について算定します。都道府県は、従業者に欠員が生じている状態が継続する場合は事業所に対し定員の見直しまたは事業の休止を指導し、指導に従わずに事業を継続する事業所に対しては、特別な事情がある場合を除き、指定の取消しを検討するとされています。

（2）定員超過の場合の減算

　所定単位数の100分の70を乗じます。通所介護の月平均の利用者の数（第一号通所事業の利用者の数を含めた合計数）が運営規程に定められている利用定員を超える場合に算定します。

　ここで注意すべき点は、月平均の利用者の数が定員超過の基準であるという規定は、介護報酬の算定基準であることです。算定基準では、定員30人の通所介護事業所が昨日25人の利用、本日35人の利用があった場合、（25人＋35人）÷2日で定員超過減算にはなりませんが、運営規定において定員30人の事業所は1日でも30人を超えて利用者を受け入れた場合、運営規定に定められた基準に違反しているという指導を受けることとなります。算定基準と運営基準はまったく別であるということを理解してください。

8 通所リハビリテーション①

1　通所リハビリテーションの介護報酬イメージ

図表3-5 ●通所リハビリテーション［報酬のイメージ（1回あたり）］

※加算・減算は主なものを記載

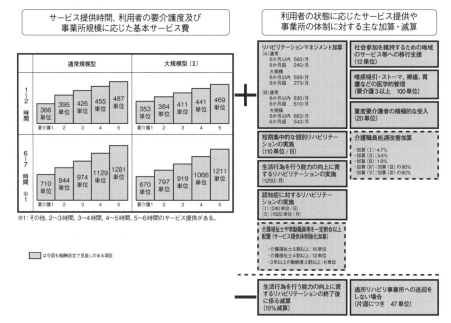

※1：その他、2〜3時間、3〜4時間、4〜5時間、5〜6時間のサービス提供がある。

　　は今回も報酬改定で見直しのある項目

出典：全国介護保険・高齢者保健福祉担当課長会議資料

（1）基本報酬

1．指定通所介護の施設基準と事業所規模による区分の取扱い

1）通常規模型リハビリテーション費（前年度の1カ月当たりの平均利用延人員数が750人以内）

2）大規模型通所リハビリテーション費（Ⅰ）（前年度の1カ月当たりの平均利用延人員数が751～900人以内）

3）大規模型通所リハビリテーション費（Ⅱ）（前年度の1カ月当たりの平均利用延人員数が900人超）

　時間区分は共通で、

　(a)所要時間1時間以上2時間未満

　(b)所要時間2時間以上3時間未満

　(c)所要時間3時間以上4時間未満

　(d)所要時間4時間以上5時間未満

　(e)所要時間5時間以上6時間未満

　(f)所要時間6時間以上7時間未満

　(g)所要時間7時間以上8時間未満

　となり、所要時間による区分の取扱いは通所介護と同様です。

2．短時間リハビリテーションの取扱い

　1時間以上2時間未満の通所リハビリテーションは、短期集中リハビリテーション加算の算定は可能ですが、個別リハビリテーション加算の算定はできません。

　看護師、准看護師、柔道整復師またはあん摩マッサージ指圧師による1時間以上2時間未満の通所リハビリテーションを算定する場合には、短期集中リハビリテーション実施加算および個別リハビリテーション実施加算についてはいずれも算定できません。

3．2時間以上3時間未満の通所リハビリテーションの取扱い

　通所介護と同様です。

4．平均利用延人員数の取扱い

　通所介護と同様に、平均利用延人員数の算出計算は、毎年度3月31日時点において、前年の4月～当年2月の11カ月における1カ月

当たりの平均利用延人員数とします。7時間以上の利用者数を100として、利用時間に応じて利用者数に所定の割合を掛け合わせた数字を平均利用延人員数として集計します。4時間未満（利用者数×50％）、4時間以上6時間未満（利用者数×75％）、1時間以上2時間未満（利用者数×25％）です。人数の計算に当たっては、一体的に提供している介護予防通所介護事業所の平均利用延人員数を含みます。介護予防通所リハビリテーションの利用時間が2時間未満（利用者数×25％）、2時間以上4時間未満（利用者数×50％）、4時間以上6時間未満（利用者数×75％）で算出します。

　ただし介護予防通所リハビリテーション事業所の利用者については、同時にサービスの提供を受けた者の最大数を営業日ごとに加えていく方法によって計算しても差し支えありません。

5. 7時間以上8時間未満の通所リハビリテーションの前後の延長サービス

　日常生活上の世話を行った後に引き続き所要時間7時間以上8時間未満の通所リハビリテーションを行った場合で、指定通所リハビリテーションの所要時間と指定通所リハビリテーションの前後に行った日常生活上の世話の所要時間を通算した時間が8時間以上となるときは、算定対象時間が8時間以上9時間未満の場合には50単位、9時間以上10時間未満の場合には100単位、10時間以上11時間未満の場合は150単位、11時間以上12時間未満の場合は200単位、12時間以上13時間未満の場合は250単位、13時間以上14時間未満の場合は300単位を所定単位数に加算します。要件などは通所介護と同様です。

6. 感染症や災害の影響により利用者が減少した場合の特例措置

ア　事業所規模別の報酬区分の決定にあたって、より小さい規模区分がある大規模型ⅠまたはⅡを算定している場合、前年度の平均延べ利用者数ではなく、感染症や災害の影響によって延べ利用者数の減が生じた月の実績を基礎とすることができます。

イ　感染症や災害の影響によって延べ利用者数の減が生じた月の実績

が前年度の平均延べ利用者数から5％以上減少している場合に、基本報酬の3％の加算を算定できます。この場合は、区分支給限度基準額の算定に含めません。

　ア・イともに、利用者減の翌月15日までに届出、翌々月から適用します。利用者数の実績が前年度平均等に戻った場合は、その翌月15日までに届出して翌々月から通常に戻ります。

　大規模区分を算定している場合で、ア・イともに該当する場合は、アを算定します。アに該当せず、イに該当する場合はイを算定します。

　3％加算の算定届出は年度内に1度しか行うことができません。一度3％加算を算定した際とは別の感染症や災害を事由とする場合にのみ、再度3％加算を算定することが可能です。該当する感染症や災害、および算定期限については、都度、厚生労働省または保険者から通知されます。

9 通所リハビリテーション②

1 加算

（1）理学療法士等体制強化加算

　１日につき30単位を算定します。「１時間以上２時間未満」の通所リハビリテーションについてのみ加算可能です。配置基準を超えて、専従する常勤の理学療法士、作業療法士または言語聴覚士を２名以上配置している事業所については所定単位数に加算します。

（2）入浴介助加算

　(Ⅰ)は、１日につき40単位を算定します。入浴介助を行った場合は所定単位数に加算します。取扱いは通所介護と同様です。

　(Ⅱ)は、１日につき60単位を算定します。取扱いは通所介護と同様です。

（3）リハビリテーションマネジメント加算

　（Ａ）イ　６月以内　560単位／月、６月超　240単位加算／月
　（Ａ）ロ　６月以内　593単位／月、６月超　273単位／月
　（Ｂ）イ　６月以内　830単位／月、６月超　510単位加算／月
　（Ｂ）ロ　６月以内　863単位／月、６月超　543単位／月

　（Ａ）イ：従来の加算(Ⅱ)と同要件（P.91参照）
　（Ａ）ロ：（Ａ）イの算定要件を満たして、利用者毎のリハビリテーション計画書等の内容等の情報をLIFEに提出し、リハビリテー

ションの提供に当たって、情報その他リハビリテーションの適切かつ有効な実施のために必要な情報を活用していること

（B）イ：従来の加算(Ⅲ)と同要件（P.94参照）

（B）ロ：従来の加算(Ⅳ)と同要件（P.94参照）

1. リハビリテーションマネジメント加算の取扱い

1）リハビリテーションマネジメント加算は、1カ月に8回以上通所している場合に、1カ月に1回算定する。ただし、指定通所リハビリテーションの利用を開始した月に個別リハビリテーション、短期集中リハビリテーションまたは認知症短期集中リハビリテーションを行っている場合は、8回を下回る場合であっても算定できる。

2）リハビリテーションマネジメントは、利用者ごとに行われるケアマネジメントの一環として行われる。また、個別リハビリテーションは原則として利用者全員に対して実施するべきものなので、リハビリテーションマネジメントも原則として利用者全員に対して実施するべきものである。

3）リハビリテーションマネジメントは、**図表3-6**のとおり実施する。

2. リハビリテーションマネジメント加算 (A) イ

多職種協働での通所リハビリテーション計画の作成、利用者の状態や生活環境などを踏まえた適切なリハビリテーションの提供、提供内容の評価とその結果を踏まえた見直しといったSPDCAサイクルの構築を通じて、継続的にリハビリテーションの質の管理を行った場合に加算します。

その算定要件は、以下のとおりです。

①事業所の医師が、通所リハビリテーションの実施に当たり、事業所の理学療法士、作業療法士または言語聴覚士に対し、利用者に対するリハビリテーションの目的に加えて、開始前または実施中の留意事項、やむを得ずリハビリテーションを中止する際の基準、リハビリテーションにおける利用者に対する負荷等のうちいずれか1以上の指示を行う。

図表3-6 ●リハビリテーションマネジメントフロー

○医師の診察
○関連スタッフごとのアセスメント（評価）
　（医師、理学療法士、作業療法士、言語聴覚士、看護職員、介護職員その他職種の者）

○開始時リハビリテーションカンファレンス（多職種協働）

○リハビリテーション実施計画原案の作成
○リハビリテーション会議の開催
　利用者またはその家族に説明、同意

 同意の日から加算算定

※リハビリテーション実施計画原案に相当する内容を通所リハビリテーション計画の中に記載する場合は、その記載をもってリハビリテーション実施計画原案の作成に代えることができます。

リハビリテーション実施計画原案に基づいたリハビリテーションやケアを実施

 2週間以内

○関連スタッフによるアセスメントと評価

リハビリテーションカンファレンス（関連スタッフの多職種協働）

リハビリテーション実施計画を作成

※リハビリテーション実施計画原案の変更等をもって（変更がない場合を含む）リハビリテーション実施計画の作成に代えることができます。

○リハビリテーション会議の開催と
　本人・家族への説明と同意

3カ月ごとの
モニタリング

※加算Ⅱの場合
　開始月から6カ月間は
　毎月1回のモニタリング

○サービス提供

○終了前
　終了前リハビリテーションカンファレンス（関連スタッフ）

※終了後に利用予定の居宅介護支援事業所の介護支援専門員や他の居宅サービス事業所のサービス担当者等の参加が必要です。

○利用終了時
居宅介護支援事業所の介護支援専門員や利用者の主治の医師に対してリハビリテーションに必要な情報提供

筆者作成

② 　①における指示を行った医師または指示を受けた理学療法士、作業療法士もしくは言語聴覚士が、指示の内容が④の基準に適合するものであると明確にわかるように記録する。

③事業所の医師が利用者に対して3カ月以上の指定通所リハビリテーションの継続利用が必要と判断する場合には、リハビリテーション計画書の特記事項欄に指定通所リハビリテーションの継続利用が必要な理由、その他指定居宅サービスの併用と移行の見通しを記載していること。

④リハビリテーション会議を開催し、リハビリテーションに関する専門的な見地から利用者の状況等に関する情報を構成員と共有し、当該リハビリテーション会議の内容を記録すること。

⑤通所リハビリテーション計画について、当該計画の作成に関与した理学療法士、作業療法士または言語聴覚士が利用者またはその家族に対して説明し、利用者の同意を得るとともに、説明した内容等について医師へ報告すること。

⑥通所リハビリテーション計画の作成に当たって、当該計画の同意を得た日の属する月から起算して6カ月以内の場合は1月に1回以上、6カ月を超えた場合には3カ月に1回以上、リハビリテーション会議を開催し、利用者の状態の変化に応じ、通所リハビリテーション計画を見直していること。ただし、利用者が過去2年間に於いて、6ヶ月以上、介護・医療のリハビリテーションを受けている実績がある場合、最初から3カ月に1回以上の会議の開催で良い。

⑦指定通所リハビリテーション事業所の理学療法士、作業療法士または言語聴覚士が、介護支援専門員に対し、リハビリテーションに関する専門的な見地から、利用者の有する能力、自立のために必要な支援方法及び日常生活上の留意点に関する情報提供を行うこと。

⑧次の1）か2）のいずれかに適合する。1）指定通所リハビリテーション事業所の理学療法士、作業療法士または言語聴覚士が、居宅サービス計画に位置付けた指定訪問介護の事業その他の指定居宅サービスに該当する事業に係る従業者と指定通所リハビリテーションの利

用者の居宅を訪問し、当該従業者に対し、リハビリテーションに関する専門的な見地から、介護の工夫に関する指導及び日常生活上の留意点に関する助言を行うこと。2）指定通所リハビリテーション事業所の理学療法士、作業療法士または言語聴覚士が、指定通所リハビリテーションの利用者の居宅を訪問し、その家族に対し、リハビリテーションに関する専門的な見地から、介護の工夫に関する指導及び日常生活上の留意点に関する助言を行うこと。

⑨上記の①〜⑧に適合することを確認し、記録すること。

3. リハビリテーションマネジメント加算 (B) イ

　開始日から6カ月以内は、1カ月につき1,120単位、6カ月経過後は1カ月につき800単位を算定します。

　算定要件は、(A)イの①、②、④〜⑧のいずれにも適合し、⑨通所リハビリテーション計画について、事業所の医師がリハビリテーション会議において利用者またはその家族に対して説明し、利用者の同意を得る、⑩①〜⑨に適合することを確認し記録する、です。

4. リハビリテーションマネジメント加算 (B) ロ

　算定要件は、(B)イの基準のいずれにも適合することに、通所リハビリテーション計画書等の内容に関するデータを、厚生労働省のLIFEに提出している、が加わります。

（4）短期集中個別リハビリテーション実施加算

　1日につき110単位を算定します。医師または医師の指示を受けた理学療法士等が利用者に対して、その退院（所）日または認定日から起算して3カ月以内の期間に、個別リハビリテーションを退院（所）日または認定日から起算して3カ月以内の期間に、1週につきおおむね2回以上、1回当たり20分以上、1日当たり40分以上の個別リハビリテーションを集中的に行うことが算定要件です。認知症短期集中リハビリテーション実施加算との同時算定はできません。

(5) 認知症短期集中リハビリテーション実施加算

1. 認知症短期集中リハビリテーション実施加算(I)

　1日につき240単位を算定します。1週間に2日を限度に、20分以上のリハビリテーションを個別に実施します。提供時間が20分に満たない場合は算定できません。通所リハビリテーション費におけるリハビリテーションマネジメント加算(I)または(II)を算定していることが必要です。

2. 認知症短期集中リハビリテーション実施加算(II)

　開始日から3カ月以内に限り1カ月につき1,920単位を算定します。精神科医師、神経内科医師もしくは認知症に関するリハビリテーションに関する研修を受けた医師により生活機能の改善が見込まれると判断された者に対して、利用者の状況に応じて個別または集団でのリハビリテーションを1カ月に4回以上実施します。計画作成の前に利用者の生活環境把握のため居宅を訪問することが必要で、評価に当たっては、利用者の居宅を訪問して利用者の居宅における応用的動作能力や社会適用能力について評価を行い、その結果を利用者およびその家族に伝達します。なお、居宅訪問時にリハビリテーションは実施できません。

　また、(I)(II)ともに過去3カ月の間に利用者が本加算を算定した場合は算定できません。

(6) 若年性認知症利用者受入加算

1. 適用要件

　1日につき60単位を算定します。若年性認知症利用者に対して通所リハビリテーションを行った場合には、若年性認知症利用者受入加算として所定単位数に加算します。

2. 若年性認知症利用者受入加算の取扱い

　若年性認知症利用者受入加算の取扱いは、通所介護と同様です。

（7）栄養改善加算

通所介護の栄養改善加算と同じ

（8）栄養スクリーニング加算

通所介護の栄養スクリーニング加算と同じ

（9）口腔機能向上加算

1．適用要件

(I)は、3カ月以内の期間に限り1カ月に2回を限度として、1回につき150単位を算定します。下記1）〜5）の基準に該当して、口腔機能が低下している利用者またはそのおそれのある利用者に対して口腔機能の向上を目的として個別的に実施される口腔清掃の指導もしくは実施または摂食・嚥下機能に関する訓練の指導もしくは実施であって、利用者の心身の状態の維持または向上に資すると認められる口腔機能向上サービスを行った場合は、口腔機能向上加算として所定単位数に加算します。

ただし、口腔機能向上サービスの開始から3カ月ごとの利用者の口腔機能の評価の結果、口腔機能が向上せず、口腔機能向上サービスを引き続き行うことが必要と認められる利用者については、引き続き算定することができます。

(Ⅱ)は、1回につき160単位を算定します。(I)の算定要件を満たして、データをLIFEに提出し、必要な情報を活用していること。

1）言語聴覚士、歯科衛生士または看護職員を1名以上配置している。

2）利用者の口腔機能を利用開始時に把握し、医師、歯科医師、言語聴覚士、歯科衛生士、看護職員、介護職員その他の職種の者が協働して、利用者ごとの口腔機能改善管理指導計画を作成している。

3）利用者ごとの口腔機能改善管理指導計画に従い、医師、医師もしくは歯科医師の指示を受けた言語聴覚士もしくは看護職員または歯科医師の指示を受けた歯科衛生士が口腔機能向上サービスを行っているとともに、利用者の口腔機能を定期的に記録している。

4）利用者ごとの口腔機能改善管理指導計画の進捗状況を定期的に評価する。

5）別に厚生労働大臣の定める基準に適合する指定通所リハビリテーション事業所である。

2. 口腔機能向上加算の取扱い

口腔機能向上加算の取扱いは、通所介護と同様です。

（10）中重度者ケア体制加算

1日につき20単位を算定します。その算定要件は、次の基準にいずれも適合することです。①通所リハビリテーション事業所の看護職員または介護職員の員数に加え、看護職員または介護職員を常勤換算方法で1人以上確保していること、②前年度または算定日が属する月の前3カ月間の通所リハビリテーションの利用者数の総数のうち要介護状態区分が要介護3、要介護4または要介護5である者の占める割合が100分の30以上であること、③通所リハビリテーションを行う時間帯を通じて専ら通所リハビリテーションの提供に当たる看護職員を1人以上配置していることです。

（11）生活行為向上リハビリテーション実施加算

6カ月以内は、1カ月につき1,250単位を算定します。生活行為向上リハビリテーションとは、目標達成後に自宅での自主的な取り組みや介護予防・日常生活総合支援事業の事業、地域のカルチャー教室や集まりの場、通所介護などの参加サービスに移行することを目指し、6カ月間を利用限度とした短期集中的なリハビリテーションです。

生活行為の活動のための機能が低下した利用者に対して、その機能を回復させ、個人の活動として行う排泄するための行為、入浴するための行為、調理するための行為、買い物をするための行為、趣味活動など具体的な生活行為の自立を目標に、心身機能、活動、参加に対し段階的に実施する6カ月間のリハビリテーション内容を生活行為向上リハビリテーション実施計画書にあらかじめ定めた上で実施します。

生活行為向上リハビリテーション実施計画書は、専門的な知識や経験のある作業療法士または生活行為向上リハビリテーションに関する研修を受けた作業療法士、言語聴覚士が立案し、作成します。

　生活行為向上リハビリテーション実施計画書は、医師がおおむね月1回ごとに開催されるリハビリテーション会議でリハビリテーションの進捗状況を報告することが望ましく、評価に基づく利用者の能力の回復状況、適宜適切に達成の水準やプログラムの内容について見直しを行い、目標が効果的に達成されるよう、利用者またはその家族、構成員に説明します。

　評価に当たっては、利用者の居宅を訪問し、利用者の居宅における応用的動作能力や社会適用能力について評価を行い、その結果を利用者およびその家族に伝達します。なお、居宅訪問時にリハビリテーションは実施できません。

　その算定要件は、次の基準のいずれにも適合することです。①生活行為の内容の充実を図るための専門的な知識もしくは経験を有する作業療法士または生活行為の内容の充実を図るための研修を修了した理学療法士もしくは言語聴覚士が配置されている、②生活行為の内容の充実を図るための目標およびその目標を踏まえたリハビリテーションの実施頻度、実施場所および実施時間等が記載されたリハビリテーション実施計画をあらかじめ定めて、リハビリテーションを提供すること、③計画で定めた通所リハビリテーションの実施期間中に通所リハビリテーションの提供を終了日前の1カ月以内に、リハビリテーション会議を開催してリハビリテーションの目標の達成状況を報告すること。ただし、短期集中個別リハビリテーション実施加算または認知症短期集中リハビリテーション実施加算を算定している場合は算定できません。

（12）移行支援加算

　1日につき12単位を算定します。社会参加へのスムーズな移行ができるように利用者の計画を基にリハビリテーションを提供して、そ

の結果、利用者のADLおよびIADLが向上し、社会参加に資する他のサービス等に移行できるなど、質の高いリハビリテーションを提供している事業所の体制を評価するものです。社会参加に資する取り組みとは、通所介護、認知症対応型通所介護、小規模多機能型居宅介護、看護小規模多機能型居宅介護、介護予防・日常生活支援総合事業における通所事業や一般介護予防事業、居宅における家庭での役割を担うことです。医療機関への入院や介護施設への入所、訪問リハビリテーション、グループホーム、総合事業における訪問サービス事業への移行は算定対象外となります。

1．算定要件

以下の両方の条件を満たしていること。

1）社会参加等への移行状況

評価対象期間中にサービスの提供を終了した者の総数のうち、社会参加に資する取り組み等を実施した者の割合が100分の5を越えていること。

2）リハビリテーションの利用状況

平均利用延月数で12を割った数が100分の25直所リハは27以上であること。

$$平均利用延月数 = \frac{評価対象期間の利用者延月数}{評価対象期間の（新規利用者数＋新規終了者数）× \frac{1}{2}}$$

評価対象期間中に、通所リハビリテーションの提供を終了した日から起算して14日以降44日以内に、通所リハビリテーション従業者が、通所リハビリテーション終了者に対して居宅訪問等により通所リハビリテーション終了者の通所介護等の実施が居宅訪問等をした日から起算して、3カ月以上継続する見込みであることを確認し、記録していることが必要です。評価対象期間は、社会参加支援加算を算定する年度の初日の属する年の前年の1月から12月までの期間であり、その末日が属する年度の次の年度内に限り1日につき所定単位数を加算します。

（13）リハビリテーション提供体制加算

イ　所要時間3時間以上4時間未満の場合　　12単位／回

ロ　所要時間4時間以上5時間未満の場合　　16単位／回

ハ　所要時間5時間以上6時間未満の場合　　20単位／回

ニ　所要時間6時間以上7時間未満の場合　　24単位／回

ホ　所要時間7時間以上の場合　　　　　　　28単位／回

　指定通所リハビリテーション事業所において、常時、配置されている理学療法士、作業療法士又は言語聴覚士の合計数が、当該事業所の利用者の数が25又はその端数を増すごとに1以上であることです。この場合、常勤換算ではないため、サービス提供時間を通じて規定の人数の理学療法士等が配置されていることが必要となります。また、時間内で担当する理学療法士等の入れ替わりは可能です。これらに加えて、リハビリテーションマネジメント加算(I)から(Ⅳ)までのいずれかを算定していることが必要です。なお、「当該事業所の利用者の数」とは、指定介護予防通所リハビリテーションの事業と同一の事業所では、指定通所リハビリテーションの利用者数と指定介護予防通所リハビリテーションの利用者数の合計を言います。配置する理学療法士等の人数は、利用定員ではなく、当日の利用者数で判断します。

（14）栄養アセスメント加算

　事業所の従業者として又は外部との連携により管理栄養士を1名以上配置して、利用者ごとに、管理栄養士、看護職員、介護職員、生活相談員その他の職種の者が共同して栄養アセスメントを実施して、利用者又はその家族に対してその結果を説明し、相談等に必要に応じ対応します。利用者ごとの栄養状態等の情報をLIFEに提出し、栄養管理の実施に当たって必要な情報を活用していることが要件です。

（15）科学的介護推進体制加算

　原則として利用者全員を対象として、事業所の利用者全員に対して算定できるものです。事業所は、利用者に提供するサービスの質を常

に向上させていくために、計画（Plan）、実行（Do）、評価（Check）、改善（Action）のサイクル（PDCAサイクル）によって、質の高いサービスを実施する体制を構築します。また、その更なる向上に努めることが重要です。情報を厚生労働省に提出するだけでは、加算の算定対象とはなりません。利用者ごとに、提供すべき月の翌月10日までに提出することが必要です。情報を提出すべき月について情報の提出を行えない事実が生じた場合には、直ちに訪問通所サービス通知第1の5の届出を提出しなければなりません。その事実が生じた月のサービス提供分から情報の提出が行われた月の前月までの間については、利用者全員について加算を算定できません。

10　施設サービス

1　基本事項

（1）入所等の日数の数え方について

①原則として、入所等をした日および退所等をした日の両方を含みます。

②同一敷地内における施設の間で、利用者が退所をしたその日に他の施設に入所する場合は、入所等の日は含み、退所等の日は含みません。

③退所したその日に同一敷地内にある病院もしくは診療所に入院する場合は、退所等の日は算定されません。同一敷地内等の病床を退院したその日に入所する場合は入所の日は算定されません。

④平均利用者数等の算定においては、入所等した日を含み、退所等した日は含みません。例えば、午前中に退所が1人あり、その空床となったベッドに午後から入所があった場合、同日で2人の利用者が存在することとなりますが、同日の利用者数カウントは午後から入所した1人だけをカウントします。

（2）定員超過利用に該当する場合の所定単位数の算定について

①施設定員を上回る利用者を入所させている定員超過利用に対しては、介護給付費の減額を行います。

②この場合の利用者の数は、1カ月間（暦月）の利用者の数の平均を用います。1カ月間の利用者の数の平均は、その月の全利用者の延数をその月の日数で除して得た数とします（小数点以下切り上げ）。

③定員超過の翌月から定員超過利用が解消されるに至った月まで、利用者等の全員について減算され、定員超過利用が解消されるに至った月の翌月から通常の単位数が算定されます。

④都道府県知事の指導に従わず、定員超過利用が2カ月以上継続する場合には、特別な事情がある場合を除き指定または許可の取消しを検討するものとされます。

⑤災害、虐待の受入れ等やむを得ない理由による定員超過利用については、減算は行いません。やむを得ない理由がないにもかかわらずその翌月まで定員を超過した状態が継続している場合に、災害等が生じた月の翌々月から所定単位数の減算を行うものとされます。

（3）常勤換算方法による職員数の算定方法について

　暦月ごとの職員の勤務延時間数を、常勤の職員が勤務すべき時間で除することによって算定し、小数点第2位以下を切り捨てます。やむを得ない事情によって配置されていた職員数が一時的に1割の範囲内で減少した場合は、1カ月を超えない期間内に職員が補充されれば、職員数が減少しなかったものとみなします。

（4）人員基準欠如に該当する場合等の所定単位数の算定について

①看護師等の配置数の人員基準欠如に対して、介護給付費を減額します。

②人員基準上の利用者数は、前年度（毎年4月1日に始まり翌年3月31日をもって終わる年度）の全利用者等の延数を当該前年度の日数で除して得た平均を用います（小数点第2位以下切り上げ）。

③看護・介護職員の人員基準欠如については、以下のとおりです。

1）人員基準から1割を超えて減少した場合、その翌月から解消される月まで利用者の全員について減算する。

2）1割の範囲内で減少した場合には、その翌々月から解消される月まで利用者の全員について減算する（翌月の末日において満たす場合を除く）。

④看護・介護職員以外については、その翌々月から解消される月まで、利用者等の全員について減算されます（翌月の末日において満たす場合を除く）。

⑤看護・介護職員については、最も低い所定単位数を算定するために必要な員数を満たさない場合に人員基準欠如となり、最も低い所定単位数をもとにして減算を行います。

⑥都道府県知事は、著しい人員基準欠如が継続する場合には職員の増員、利用定員等の見直し、事業の休止等を指導し、指導に従わない場合には特別な事情がある場合を除き、指定または許可の取消しを検討します。

（5）夜勤体制による減算について

夜勤を行う職員の員数が基準に満たない場合の減算は、発生した翌月において利用者の全員について減算されます。

（6）短期入所サービスと施設サービスの区分について

短期入所サービスは、あらかじめ利用期間（退所日）を定めて入所します。あらかじめ退所日を決めて入所する場合のサービスは短期入所サービスであり、利用期間（退所日）を定めていない入所が施設入所となります。

（7）「認知症高齢者の日常生活自立度」の決定方法について

①加算の算定要件として「認知症高齢者の日常生活自立度」を用いる場合の日常生活自立度の決定は、医師の判定結果または主治医意見書を用います。

②医師の判定結果は、居宅サービス計画または各サービスのサービス計画に記載します。主治医意見書とは、「主治医意見書」の中の「3 心身の状態に関する意見　(1)日常生活の自立度等について・認知症高齢者の日常生活自立度」欄の記載をいいます。複数の医師の判定結果がある場合にあっては最も新しい判定を用いるものとします。

③医師の判定がない場合は、「要介護認定等の実施について」に基づき、認定調査員が記入した同通知中「2（4）認定調査員」に規定する「認定調査票」の「認定調査票（基本調査）」7の「認知症高齢者の日常生活自立度」欄の記載を用いるものとします。

（8）介護医療院、介護療養型医療施設

　介護療養型医療施設は、2018（平成30）年3月末で廃止された（2024年3月末までの移行期間が設けられている）。これに替わる新たな介護施設として、2018年4月より介護医療院が新設された。介護医療院は、介護療養型医療施設の移行先の選択肢のひとつである。当面は新規の許認可は行われず、介護療養型医療施設、医療療養病床又は介護療養型老人保健施設からの移行のみとなる。

11 介護老人保健施設

1 基本報酬

（1）介護保健施設サービス費

介護保健施設サービス費（Ⅰ）－通常型

　－介護保健施設サービス費（ⅰ）－基本型個室

　－介護保健施設サービス費（ⅱ）－在宅強化型個室

　－介護保健施設サービス費（ⅲ）－基本型多床室

　－介護保健施設サービス費（ⅳ）－在宅強化型多床室

介護保健施設サービス費（Ⅱ）－介護療養型老人保健施設：看護職員を配置

　－介護保健施設サービス費（ⅰ）－療養型個室

　－介護保健施設サービス費（ⅱ）－療養型多床室

介護保健施設サービス費（Ⅲ）－介護療養型老人保健施設：看護オンコール体制

　－介護保健施設サービス費（ⅰ）－療養型個室

　－介護保健施設サービス費（ⅱ）－療養型多床室

介護保健施設サービス費（Ⅳ）－その他

　－介護保健施設サービス費（ⅰ）－個室

　－介護保健施設サービス費（ⅱ）－多床室

（2）ユニット型介護保健施設サービス費

ユニット型介護保健施設サービス費（Ⅰ）－通常型

　－ユニット型介護保健施設サービス費（ⅰ）－基本型個室

　　－ユニット型介護保健施設サービス費(ii)－在宅強化型個室

　　－経過的ユニット型介護保健施設サービス費(i)－基本型個室的多床室

　　－経過的ユニット型介護保健施設サービス費(ii)－在宅強化型個室的多床室

ユニット型介護保健施設サービス費(Ⅱ)－介護療養型老人保健施設：看護職員を配置

　　－ユニット型介護保健施設サービス費－療養型個室

　　－経過的ユニット型介護保健施設サービス費－療養型個室的多床室

ユニット型介護保健施設サービス費(Ⅲ)－介護療養型老人保健施設：看護オンコール体制

　　－ユニット型介護保健施設サービス費－療養型個室

　　－経過的ユニット型介護保健施設サービス費－療養型個室的多床室

ユニット型介護保健施設サービス費(Ⅳ)－その他

　　－ユニット型介護保健施設サービス費－個室

　　－経過的ユニット型介護保健施設サービス費－個室的多床室

　介護療養型老人保健施設の介護報酬算定は、一般病床もしくは療養病床から介護老人保健施設に転換を行って開設した介護老人保健施設（いわゆる、転換老健）のうち、所定の要件に適合した場合のみ対象となります。

　介護保健施設サービス費を支給する場合で、以下に該当する際は、介護保健施設サービス費の介護保健施設サービス費(iii)多床室を算定します。

1）感染症等により、従来型個室への入所が必要であると医師が判断した者であって、従来型個室への入所期間が30日以内である者。

2）療養室における入所者1人当たりの面積が、8.0 ㎡以下の従来型個室に入所する者。

3）著しい精神症状等により、同室の他の入所者の心身の状況に重大な影響を及ぼすおそれがあるとして、従来型個室への入所が必要で

あると医師が判断した者。

　なお、入所者に対して、指導管理等のうち日常的に必要な医療行為を行った場合に、特別療養費として単位数に10円を乗じて得た額を所定単位数に加算します。

（3）基本型・在宅強化型の算定要件

1．体制要件

1）理学療法士、作業療法士または言語聴覚士を適切に配置していること。

2．在宅復帰・在宅療養支援等指標

　在宅復帰・在宅療養支援等指標が、20以上が基本型で、80以上が在宅強化型の基準になります。

　在宅復帰・在宅療養支援等指標には、次のA～Jがあり、下の表の該当する点数を加えて計算します。

A　算定日が属する月の前6カ月間において、退所者のうち、在宅において介護を受けることとなったもの（当該施設における入所期間が1カ月間を超えていた退所者に限る）の占める割合

B　30.4を平均在所日数で除して得た数

C　算定日が属する月の前3カ月間において、入所者のうち、入所期間が1カ月を超えると見込まれる者の入所予定日前30日以内または入所後7日以内に、退所後生活することが見込まれる居宅を訪問し、退所を目的とした施設サービス計画の策定及び診療方針の決定（居宅ではなく、他の社会福祉施設等に入所する場合であって、当該者の同意を得て、当該社会福祉施設等を訪問し、退所を目的とした施設サービス計画の策定及び診療方針の決定を行った場合を含む）を行った者の占める割合

D　算定日が属する月の前3カ月間において、入所者のうち、入所期間が1カ月を超えると見込まれる者の退所前30日以内または退所後30日以内に、退所後生活することが見込まれる居宅を訪問し、当該者及びその家族等に対して退所後の療養上の指導を行った者（その居宅ではなく、他の社会福祉施設等に入所する場合であって、

当該者の同意を得て、当該社会福祉施設等を訪問し、連絡調整、情報提供等を行った場合を含む)の占める割合

E　訪問リハビリテーション、通所リハビリテーション、短期入所療養介護のうち、実施しているサービス　※2サービスでは訪問リハビリの実施必要(3点の場合)

F　常勤換算方法で算定したリハビリテーションを担当する理学療法士、作業療法士または言語聴覚士の数を、入所者の数で除した数に100を乗じた数　3職種配置で5点

G　常勤換算方法で算定した支援相談員の数を、入所者の数で除した数に100を乗じた数

H　算定日が属する月の前3カ月間における入所者のうち、要介護4・5の者の占める割合

I　算定日が属する月の前3カ月間における入所者のうち、喀痰吸引が実施された者の占める割合

J　算定日が属する月の前3カ間における入所者のうち、経管栄養が実施された者の占める割合

指標	要件	点数	要件	点数	要件	点数	要件	点数
A	50%超	20	30%超	10	30%以下	0	—	—
B	10%以上	20	5%以上	10	5%未満	0	—	—
C	30%以上	10	10%以上	5	10%未満	0	—	—
D	30%以上	10	10%以上	5	10%未満	0	—	—
E	3サービス	5	2サービス	3	2サービス	1	0サービス	0
F	5以上	5	5以上	3	3以上	2	—	—
G	3以上	5	2以上	3	2未満	0	—	—
H	50%以上	5	35%以上	3	35%未満	0	—	—
I	10%以上	5	5%以上	3	5%未満	0	—	—
J	10%以上	5	5%以上	3	5%未満			

3. 基本型の算定要件

・在宅復帰・在宅療養支援等指標に掲げる算定式により算定した数が20以上であること

・退所時指導…入所者の居宅への退所時に、当該入所者およびその家

族等に対して、退所後の療養上の指導を行っていること。

・退所後の状況確認…当該施設から退所した者（当該施設内で死亡した者及び当該施設を退所後、直ちに病院または診療所に入院し、1週間以内に退院した後、直ちに再度当該施設に入所した者を除く。退所者の退所後30日以内（退所時の要介護状態区分が要介護4または要介護5の場合にあっては、14日以内）に、当該施設の従業者が当該退所者の居宅を訪問し、または指定居宅介護支援事業者から情報提供を受けることにより、当該退所者の在宅における生活が継続する見込みであることを確認し、記録していること。

・リハビリテーションマネジメント…入所者の心身の諸機能の維持回復を図り、日常生活の自立を助けるため、理学療法、作業療法その他必要なリハビリテーションを計画的に行い、適宜その評価を行っていること。

4. 在宅強化型の算定要件

・基本型の基準に該当するものであること。

・在宅復帰・在宅療養支援等指標に掲げる算定式により算定した数が60以上であること

・「地域貢献活動」として、地域に貢献する活動を行っていること。

・「充実したリハ」として入所者に対し、少なくとも週3回程度の個別リハビリテーションを実施していること。

2 加算

（1）夜勤職員配置加算

　1日につき24単位を算定します。夜勤を行う看護職員または介護職員の数が次のとおりであることが要件です。

1. 適用要件

1）入所者の数が41以上の介護老人保健施設にあっては、入所者等の数が20またはその端数を増すごとに1以上であり、かつ2を超え

ている。

2）入所者の数が40以下の介護老人保健施設にあっては、入所者等の数
　　が20またはその端数を増すごとに1以上であり、かつ1を超えている。

　　例：定員100人の場合　　100人÷20＝5人＞2

　　　　定員36人の場合　　36人÷20＝1.8＝2人＞1

2.　夜勤職員配置加算

1）夜勤を行う職員の数は1日平均夜勤職員数とする。1日平均夜勤職
　　員数は、暦月ごとに夜勤時間帯（午後10時から翌日の午前5時まで
　　の時間を含めた連続する16時間）における延夜勤時間数を、当該
　　月の日数に16を乗じて得た数で除することによって算定し、小数
　　点第3位以下は切り捨てるものとする。

2）一部ユニット型の夜勤職員配置加算の基準については、ユニット部
　　分とそれ以外の部分のそれぞれで要件を満たさなければならない。

3）認知症ケア加算を算定している介護老人保健施設の場合は、夜勤
　　職員配置加算の基準は、認知症専門棟とそれ以外の部分のそれぞれ

図表3-7●夜勤職員配置加算の人数の考え方

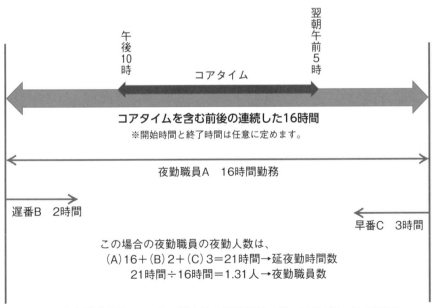

筆者作成

で満たさなければならない。

（2）短期集中リハビリテーション実施加算

　1日につき240単位を算定します。医師または医師の指示を受けた理学療法士、作業療法士または言語聴覚士が、その入所の日から起算して3カ月以内の期間に集中的にリハビリテーションを行った場合に算定します。

1．短期集中リハビリテーション実施加算について

1）集中的なリハビリテーションは、1週につきおおむね3日以上実施する場合である。

2）入所者が過去3カ月の間に入所したことがない場合に限り算定できる。

（3）認知症短期集中リハビリテーション実施加算

　1週に3日を限度として1日につき240単位を算定します。認知症であると医師が判断した者であって、リハビリテーションによって生活機能の改善が見込まれると判断されたものに対して、医師または医師の指示を受けた理学療法士、作業療法士または言語聴覚士が集中的なリハビリテーションを個別に行った場合に、認知症短期集中リハビリテーション実施加算として、入所の日から起算して3カ月以内の期間に限り所定単位数に加算します。

1．加算の施設基準

1）在宅復帰を目的として、記憶の訓練、日常生活活動の訓練等を組み合わせたプログラムの週3日の実施を標準とする。

2）専門的な研修を修了した医師により、在宅復帰に向けた生活機能の改善を目的としてリハビリテーション実施計画に基づき、医師または医師の指示を受けた理学療法士、作業療法士または言語聴覚士が記憶の訓練、日常生活活動の訓練等を組み合わせたプログラムを実施した場合に算定できる。

3）医師は精神科医師または神経内科医を除き、認知症に対するリハビリテーションに関する研修を修了している。

4）1人の医師または理学療法士等が1人の利用者に対して行った場合にのみ算定。

5）利用者に対して個別に20分以上リハビリテーションを実施した場合に算定。

6）対象となる入所者はMMSEまたはHDS-Rにおいておおむね5～25点に相当する者。

7）リハビリテーションに関する記録（実施時間、訓練内容、訓練評価、担当者等）は利用者ごとに保管する。

8）短期集中リハビリテーション実施加算を算定している場合であっても、別途リハビリテーションを実施した場合は加算を算定することができる。

9）入所者が過去3カ月の間に加算を算定していない場合に限り算定できる。

（4）認知症ケア加算

　1日につき76単位を算定します。日常生活に支障をきたすおそれのある症状または行動が認められることから介護を必要とする認知症の入所者（日常生活自立度のランクⅢ、ⅣまたはMに該当し、認知症専門棟において認知症に対応した処遇を受けることが適当であると医師が認めた者）に対して介護保健施設サービスを行った場合は、所定単位数に加算します。

1.　加算の施設基準

1）介護を必要とする認知症の利用者と他の利用者とを区別している。

2）次に掲げる基準に適合する施設および設備を有している。

　(a) 介護を必要とする認知症の利用者を入所させるための施設であって、原則として、同一の建物または階において他の利用者に利用させるものでない。

　(b) 施設の入所定員は、40人を標準とする。

　(c) 入所定員の1割以上の数の個室を設けている。

　(d) 入所定員1人当たりの面積が2m^{2}以上のデイルームを設けている。

　　⒠介護を必要とする認知症の利用者の家族に対する介護方法に関
　　　する知識および技術の提供のために必要な施設であって、30m²
　　　以上の面積を有するものを設けている。
3）単位ごとの利用者の数について、10人を標準とする。
4）単位ごとに固定した介護職員または看護職員を配置する。
5）ユニット型介護老人保健施設でない。

（5）若年性認知症入所者受入加算

　1日につき120単位を算定します。若年性認知症入所者に対して介
護保健施設サービスを行った場合には、所定単位数に加算します。若
年性認知症利用者受入加算について受け入れた若年性認知症利用者ご
とに個別に担当者を定め、その者を中心に当該利用者の特性やニーズ
に応じたサービス提供を行います。

（6）外泊時費用加算

　1日につき362単位を算定します。入所者に対して居宅における外
泊を認めた場合は、1カ月に6日を限度として所定単位数に代えて算
定します。ただし、外泊の初日および最終日は算定できません。入所

図表3-8●外泊時費用加算算定時の注意

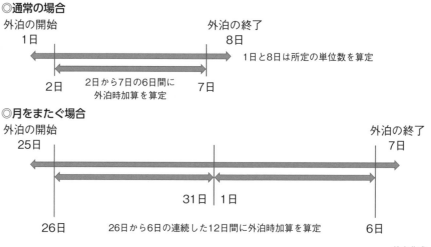

筆者作成

者の外泊の期間中にそのまま退所した場合は、退所した日の外泊時の費用は算定できますが、外泊の期間中にそのまま併設医療機関に入院した場合には、入院日以降については外泊時の費用は算定できません。

　外泊時の費用の算定に当たって、1回の外泊で月をまたがる場合は最大で連続13泊（12日分）まで外泊時の費用の算定が可能です。外泊の期間中は、居宅介護サービス費は算定されません。

　在宅サービスを利用する場合　1回につき800単位（1カ月に6回限度）を算定します。

（7）ターミナルケア加算　※療養型老健以外の場合

　死亡日以前31日以上45日以下は80単位／日

　ターミナルケア加算として、死亡日以前4～30日は160単位／日。死亡日前日及び前々日820単位／日。死亡日に1,650単位／日を算定します。ただし、退所した日の翌日から死亡日までの間は算定しません。

　介護療養型介護老人保健施設は、入所している施設または当該入所者の居宅において死亡した場合のみ算定できます。加算は以下のいずれにも適合している入所者に対して算定します。

1）医師が一般に認められている医学的知見に基づき、回復の見込みがないと診断した者である。

2）入所者またはその家族等の同意を得て、当該入所者のターミナルケアに係る計画が作成されている。

3）医師、看護師、介護職員等が協働して、入所者の状態または家族の求め等に応じ随時、本人またはその家族への説明を行い、同意を得てターミナルケアが行われている。

（8）療養体制維持特別加算

　(I)は、1日につき27単位を算定します。介護療養型介護老人保健施設で施設基準に該当する場合に、所定単位数に加算します。介護職員の数が、常勤換算方法で入所者の数の合計数が4またはその端数を増すごとに1以上であることが必要です。

(Ⅱ)は、1日につき57単位を算定します。算定月の前3カ月間の入所者のうち、喀痰吸引または経管栄養が実施された者が20％以上、専門医療を必要とする認知症高齢者が50％以上である必要があります。

（9）初期加算

入所日から30日間に限って、初期加算として1日につき30単位を算定します。初期加算は、当該入所者が過去3カ月間、日常生活自立度のランクⅢ、ⅣまたはMに該当する者の場合は過去1カ月間に入所したことがない場合に限り算定できます。

短期入所療養介護を利用していた者が日を空けることなく引き続き施設に入所した場合は、初期加算は入所直前の短期入所療養介護の利用日数を30日から控除して得た日数に限り算定します。算定期間中に外泊を行った場合、当該外泊を行っている間は初期加算を算定できません。

（10）退所時等支援等加算

1．退所時等支援加算

1）試行的退所時指導加算　400単位

退所が見込まれる入所期間が1カ月を超える入所者をその居宅において試行的に退所させる場合で、入所者の試行的な退所時に入所者およびその家族等に対して退所後の療養上の指導を行った場合に、入所中最初に試行的な退所を行った月から3カ月の間に限り、入所者1人につき、1カ月に1回を限度として算定します。

2）退所時情報提供加算　500単位

入所期間が1カ月を超える入所者が退所し、その居宅において療養を継続する場合で、入所者の退所後の主治の医師に対して入所者の診療状況を示す文書を添えて紹介を行った場合に、入所者1人につき1回に限り算定します。社会福祉施設等に入所する場合も同様です。

3）入退所前連携加算(I)　600単位

入所前後から入所者が退所後に利用を希望する居宅介護支援事業者

と連携し、退所後の介護サービスの利用方針を定め、その上で、現行の加算の要件である退所前の連携の取組を行った場合です。

4）入退所前連携加算Ⅱ　400単位

　入所期間が1カ月を超える入所者が退所し、その居宅において居宅サービスまたは地域密着型サービスを利用する場合において、退所に先立って入所者が利用を希望する居宅介護支援事業者に対して入所者の診療状況を示す文書を添えて居宅サービスまたは地域密着型サービスに必要な情報を提供し、居宅介護支援事業者と連携して退所後の居宅サービスまたは地域密着型サービスの利用に関する調整を行った場合に、入所者1人につき1回を限度として算定します。

2. 訪問看護指示加算　300単位

　入所者の退所時に、介護老人保健施設の医師が、診療に基づき指定訪問看護が必要であると認め、入所者の選定する指定訪問看護ステーションに対して訪問看護指示書を交付した場合に、入所者1人につき1回を限度として算定します。

（11）栄養マネジメント強化加算

　1日につき11単位を算定します。管理栄養士を常勤換算方式で入所者の数を50（施設に常勤栄養士を1人以上配置し、給食管理を行っている場合は70）で除して得た数以上配置します。

　低栄養状態のリスクが高い入所者に対して、①医師、管理栄養士、看護師等が共同して作成した栄養ケア計画に従い、食事の観察（ミールラウンド）を週3回以上行い、入所者ごとの栄養状態、嗜好等を踏まえた食事の調整等を実施すること。②入所者が、退所する場合において、管理栄養士が退所後の食事に関する相談支援を行います。また、低栄養状態のリスクが低い入所者にも、食事の際に変化を把握して、問題がある場合は、早期に対応しなければなりません。入所者ごとの栄養状態等の情報をLIFEに提出して情報その他継続的な栄養管理の適切かつ有効な実施のために必要な情報を活用します。また、褥瘡マネジメント加算の併算定は可能です。

（12）再入所時栄養連携加算

　1回につき200単位を算定します。介護老人保健施設に入所（一次入所）している者が退所し、病院または診療所に入院し、退院した後に再度介護老人保健施設に入所（二次入所）する際、二次入所において必要となる栄養管理が、一次入所の際に必要としていた栄養管理とは大きく異なるため、介護老人保健施設の管理栄養士が病院または診療所の管理栄養士と連携し栄養ケア計画を策定した場合に、入所者1人につき1回を限度として算定します。ただし、栄養マネジメント加算を算定していない場合は、算定できません。

（13）経口移行加算

　1日につき28単位を算定します。医師の指示に基づき、医師、歯科医師、管理栄養士、看護師、介護支援専門員その他の職種の者が協働して、現に経管により食事を摂取している入所者ごとに経口移行計画を作成している場合で、計画に従い医師の指示を受けた管理栄養士または栄養士が経口による食事の摂取を進めるための栄養管理および言語聴覚士または看護職員による支援が行われた場合には、計画が作成された日から起算して180日以内の期間に限って、1日につき28単位を算定します。

　180日を超えた期間に行われた場合でも、栄養管理が必要とされるものに対しては引き続き算定できます。この場合は、医師の指示をおおむね2週間ごとに受けます。栄養マネジメント加算を算定していない場合は算定できません。

（14）経口維持加算
1. 経口維持加算（Ⅰ）

　6カ月以内の期間に限り1カ月につき400単位を算定します。多職種による食事の観察（ミールラウンド）やカンファレンス等の取り組みのプロセスおよび咀嚼能力等の口腔機能を踏まえた経口維持のための支援を評価する加算です。経口により食事を摂取して摂食機能障害

を有して誤嚥が認められる入所者に対して、医師または歯科医師の指示に基づいて、医師、歯科医師、管理栄養士、看護師、介護支援専門員その他の職種の者が共同して入所者の栄養管理をするための食事の観察および会議等を行い、入所者ごとに経口による継続的な食事の摂取を進めるための経口維持計画を作成している場合で、その計画に従って医師または歯科医師の指示を受けた管理栄養士または栄養士が栄養管理を行った場合です。ただし、経口移行加算を算定している場合または栄養マネジメント加算を算定していない場合は算定できません。6カ月を超えた場合でも、摂食機能障害を有して誤嚥が認められる入所者であり、医師または歯科医師の指示に基づいて継続して誤嚥防止のための食事の摂取を進めるための特別な管理が必要とされる場合は、引き続き当該加算を算定できます。

2. 経口維持加算(Ⅱ)

(I)に100単位を上乗せします。協力歯科医療機関を定めている介護老人保健施設が経口維持加算(I)を算定している場合に、入所者の経口による継続的な食事の摂取を支援するための食事の観察および会議等に、医師、歯科医師、歯科衛生士または言語聴覚士が加わった場合に算定します。

(15) 口腔衛生管理加算

(I)は、1カ月につき90単位を算定します。口腔衛生管理体制加算を算定していて、①歯科医師の指示を受けた歯科衛生士が、入所者に対し、口腔ケアを月2回以上行う、②歯科衛生士が、①の入所者の口腔ケアについて、介護職員に対し、具体的な技術的助言及び指導を行う、③歯科衛生士が、入所者の口腔に関する介護職員からの相談等に必要に応じ対応する、という基準に適合する場合、1カ月につき算定します。

(Ⅱ)は、1カ月につき110単位を算定します。LIFEにデータを提出し、活用している場合に算定します。

（16）療養食加算

　管理栄養士または栄養士によって管理されている施設で療養食を提供したときは、1回につき6単位を算定します（1日に3回を限度）。ただし、経口移行加算または経口維持加算を算定している場合は算定しません。

　療養食とは、医師の発行する食事せんに基づき提供された適切な栄養量および内容を有する糖尿病食、腎臓病食、肝臓病食、胃潰瘍食、貧血食、膵臓病食、脂質異常症食、痛風食および特別な場合の検査食をいいます。

　加算を行う場合は、療養食の献立表が作成されている必要があります。療養食の摂取の方法については、経口または経管の別は問われません。

（17）在宅復帰支援機能加算

　1日につき10単位を介護療養型老人保健施設に限り算定します。

1）算定日が属する月の前6カ月間において退所した者の総数のうち、期間内に退所し在宅において介護を受けることとなったもの（入所期間が1カ月間超の者に限る）の占める割合が100分の30を超えている。

2）退所者の退所した日から30日以内に居宅を訪問し、または居宅介護支援事業者から情報提供を受けることにより退所者の在宅における生活が1カ月以上継続する見込みであることを確認し記録している。

　以上の基準のいずれにも適合する介護療養型老人保健施設で、次に掲げる基準のいずれにも適合することが必要です。

イ　入所者の家族との連絡調整を行っていること。

ロ　入所者が利用を希望する指定居宅介護支援事業者に対して、その入所者に係る居宅サービスに必要な情報の提供、退所後の居宅サービスの利用に関する調整を行っていること。

（18）かかりつけ医連携薬剤調整加算

　（I）は、1回に限り100単位を算定します。介護老人保健施設の医師又は薬剤師が、関連ガイドライン等を踏まえた高齢者の薬物療法に関する研修を受講している必要があります。入所後1月以内に、かかりつけ医に、状況に応じて処方の内容を変更する可能性があることについて説明して合意を得ます。入所中に服用薬剤の総合的な評価を行って、評価内容や入所時と退所時の処方内容に変更がある場合は変更の経緯及び変更後の状態について、退所時又は退所後1月以内にかかりつけ医に情報提供を行い、その内容を診療録に記載していることが要件です。

　（II）は、1回に限り240単位を算定します。（I）を算定していることが前提です。入所者の服薬情報等をLIFEに提出して、処方に当たって情報その他薬物療法の適切かつ有効な実施のために必要な情報を活用していることが要件です

　（III）は、1回に限り100単位を算定します。（I）と（II）を算定していることが前提です。6種類以上の内服薬が処方されていて、入所中に処方内容を介護老人保健施設の医師とかかりつけ医が共同して総合的に評価・調整して、介護老人保健施設の医師が入所時に処方されていた内服薬の種類を1種類以上減少させること。退所時において処方されている内服薬の種類が、入所時に比べ1種類以上減少していることが要件です

（19）緊急時施設療養費

　入所者の病状が著しく変化した場合、緊急その他やむを得ない事情により行われる次に掲げる医療行為につき算定します。緊急時治療管理と特定治療とは同時に算定することはできません。

1. 緊急時治療管理

　1日につき518単位を算定します。入所者の病状が重篤となり救命救急医療が必要となる場合において、緊急的な治療管理としての与薬、検査、注射、処置等を行ったときに1回に連続する3日を限度として、

月1回に限り算定します。

2.　特定治療

　診療報酬の算定方法（医科診療報酬点数表）第1章および第2章において、高齢者の医療の確保に関する法律第57条第3項に規定する保険医療機関等が行った場合に点数が算定されるリハビリテーション、処置、手術、麻酔または放射線治療を行った場合に、診療に係る医科診療報酬点数表第1章および第2章に定める点数に10円を乗じて得た額を算定します。

（20）認知症専門ケア加算

1.　認知症専門ケア加算（I）

　1日につき3単位を算定します。次に掲げる基準のいずれにも適合することが必要です。

1）入所者等の総数のうち、日常生活自立度ランクⅢ、ⅣまたはMに該当する入所者の占める割合が2分の1以上である。

2）認知症介護に係る専門的な研修を修了している者を、対象者の数が20人未満である場合にあっては1以上、当該対象者の数が20人以上である場合にあっては10またはその端数を増すごとに1を加えて得た数以上配置し、チームとして専門的な認知症ケアを実施している。

3）従業者に対して、認知症ケアに関する留意事項の伝達または技術的指導に係る会議を定期的に開催している。

2.　認知症専門ケア加算（Ⅱ）

　1日につき4単位を算定します。次に掲げる基準のいずれにも適合することが必要です。

1）認知症専門ケア加算（I）の基準のいずれにも適合する。

2）認知症介護の指導に係る専門的な研修を修了している者を1名以上配置し、事業所または施設全体の認知症ケアの指導等を実施している。

3）介護職員、看護職員ごとの認知症ケアに関する研修計画を作成し、

当該計画に従い研修を実施または実施を予定している。

（21）認知症情報提供加算

　1回につき350単位を算定します。過去に認知症の原因疾患に関する確定診断を受けておらず、認知症のおそれがあると医師が判断した入所者であって、施設内での診断が困難であると判断された者について、入所者またはその家族の同意を得た上で、入所者の診療状況を示す文書を添えて認知症疾患医療センターまたは認知症の鑑別診断等に係る専門医療機関に入所者の紹介を行った場合に、入所者1人につき入所期間中に1回を限度として所定単位数を算定します。ただし、介護老人保健施設に併設する保険医療機関に対する紹介を行った場合は算定しません。

（22）在宅復帰・在宅療養支援機能加算

　(I)は、1日につき34単位を算定します。(II)は、1日につき46単位を算定します。

　(I)は、在宅復帰・在宅療養支援等指標が40以上で、介護老人保健施設のうち、介護保健施設サービス費(I)の基本型またはユニット型介護保健施設サービス費(I)の基本型についてのみ算定可能です。

　(II)は、在宅復帰・在宅療養支援等指標が70以上で、介護保健施設サービス費(I)の在宅強化型、ユニット型介護保健施設サービス費(I)の在宅強化型についてのみ算定可能です。

（23）入所前後訪問指導加算

1. 入所前後訪問指導加算(I)

　1回につき450単位を算定します。入所期間が1カ月を超えると見込まれる者の入所予定日前30日以内または入所後7日以内に当該者が退所後生活する居宅を訪問し、退所を目的とした施設サービス計画の策定および診療方針の決定を行った場合に算定します。(I)の算定は、退所を目的とした施設サービス計画の策定および診療方針の決定

を行った場合となります。

2. 入所前後訪問指導加算 (Ⅱ)

　1回につき480単位を算定します。(Ⅱ)の算定は、退所を目的とした施設サービス計画の策定および診療方針の決定にあたり、生活機能の具体的な改善目標を定めるとともに、退所後の生活に係る支援計画を策定した場合になります。

(24) 地域連携診療計画情報提供加算

　1回につき300単位を算定します。診療報酬の地域連携診療計画管理料または地域連携診療計画退院時指導料を算定して保険医療機関を退院した入所者に対して、保険医療機関が地域連携診療計画に基づいて作成した診療計画に基づき、入所者の治療等を行い、入所者の同意を得た上で、退院した日の属する月の翌月までに、地域連携診療計画管理料を算定する病院に診療情報を文書により提供した場合（1回を限度）に算定します。

(25) 所定疾患施設療養費

　入所者に対し、投薬、検査、注射、処置等を行った場合（肺炎の者又は尿路感染症の者については検査を実施した場合に限る。）に算定します。入所者の要件は、イ 肺炎の者、ロ 尿路感染症の者、ハ 帯状疱疹の者、ニ 蜂窩織炎の者となります。算定日数は、(Ⅰ)が1月に1回、連続する7日を限度に239単位を算定します。(Ⅱ)が1月に1回、連続する10日を限度に算定します。

(26) 認知症行動・心理症状緊急対応加算

　1日につき200単位を算定します。医師が、認知症の行動・心理症状が認められるため、在宅での生活が困難であり、緊急に介護保健施設サービスが必要であると判断した者に対して、介護老人保健サービスを行った場合（入所した日から起算して7日を限度）算定します。

（27）褥瘡マネジメント加算

　(I)は、１カ月につき３単位を、(II)は、１カ月につき13単位を算定します。

　(I)は、①入所者ごとに褥瘡の発生と関連のあるリスクについて、入所時に評価するとともに、少なくとも３カ月に１回、評価を行い、その評価結果を厚生労働省に報告する、②評価の結果、褥瘡が発生するリスクがあるとされた入所者ごとに、医師、看護師、介護職員、介護支援専門員その他の職種が共同して、褥瘡管理に関する褥瘡ケア計画を作成している、③入所者ごとの褥瘡ケア計画に従い褥瘡管理を実施するとともに、その管理の内容や入所者の状態について定期的に記録している、です。

　(II)は、（I）の算定要件を満たしている施設等で、施設入所時等の評価の結果で、褥瘡が発生するリスクがあるとされた入所者等に、褥瘡の発生のない月に算定出来ます。

（28）排せつ支援加算

　(I)は、１カ月につき10単位を算定します。排せつに介護を要する入所者（排尿または排便の状態が、「一部介助」又は「全介助」と評価される者）であって、適切な対応を行うことにより、要介護状態の軽減もしくは悪化の防止が見込まれると医師または医師と連携した看護師が判断した者に対して、医師、看護師、介護支援専門員その他の職種が協働して、入所者が排せつに介護を要する原因を分析し、それに基づいた支援計画を作成し、計画に基づく支援を継続して実施した場合は、支援を開始した日の属する月から起算して６カ月以内の期間に限り、１カ月につき算定します。ただし、同一入所期間中に排せつ支援加算を算定している場合は、算定しません。

　(I)の算定要件を満たしている施設で、適切な対応を行うことで、要介護状態の軽減が見込まれる入所者で、①、施設入所時等と比較して、排尿・排便の状態の少なくとも一方が改善するとともに、いずれにも悪化がない。かつ、②、おむつ使用ありから使用なしに改善している

こと。のどちらも満たした場合に算定します。

　(Ⅱ)は、1カ月につき15単位を算定します。排せつ支援加算(Ⅰ)の算定要件を満たしている施設で、適切な対応を行うことで要介護状態の軽減が見込まれる入所者で、①施設入所時等と比較して、排尿・排便の状態の少なくとも一方が改善するとともに、いずれにも悪化がない。または　②おむつ使用ありから使用なしに改善していること。のどちらかを満たした場合に算定します。

　(Ⅲ)は、1カ月につき20単位を算定します。(Ⅰ)の算定要件を満たしている施設で、適切な対応を行うことで、要介護状態の軽減が見込まれる入所者で、①施設入所時等と比較して、排尿・排便の状態の少なくとも一方が改善するとともに、いずれにも悪化がない。かつ、②おむつ使用ありから使用なしに改善していること。のどちらも満たした場合に算定します。

(29) 加算の除外規準

　基本報酬が介護保健施設サービス費Ⅳ…その他、およびユニット型介護保健施設サービス費Ⅳ…その他を算定している場合は、以下の加算は算定できません。

①短期集中リハビリテーション実施加算　1日につき240単位

②認知症短期集中リハビリテーション実施加算　1日につき240単位

③再入所時栄養連携加算　入所者1人につき1回を限度として200単位

④入所前後訪問指導加算

　(Ⅰ)1回につき450単位　(Ⅱ)1回につき480単位

⑤試行的退所時指導加算(400単位)

⑥退所時情報提供加算(500単位)

⑦入退所前連携加算(Ⅰ)600単位　(Ⅱ)400単位

⑧経口移行加算　1月につき400単位

⑨経口維持加算　(Ⅰ)400単位　(Ⅱ)100単位

⑩口腔衛生管理加算　(Ⅰ)1月につき90単位　(Ⅱ)1月につき110単位

⑪かかりつけ医連携薬剤調整加算

　(I)100単位　(Ⅱ)240単位　(Ⅲ)100単位

⑫所定疾患施設療養費

　(I)1日につき235単位　(Ⅱ)1日につき475単位

⑬褥瘡マネジメント加算　1月につき10単位(3月に1回を限度)

⑭排せつ支援加算　1月につき100単位

⑮地域連携診療計画情報提供加算

　入所者1人につき1回を限度として300単位

⑯在宅復帰・在宅療養支援機能加算　(I)1日につき34単位

⑰在宅復帰・在宅療養支援機能加算　(Ⅱ)1日につき46単位

⑱訪問看護指示加算(300単位)

⑲リハビリテーションマネジメント計画書情報加算　1月につき33
　単位

⑳自立支援促進加算　1月につき300単位

㉑科学的介護推進体制加算　(I)1月につき40単位　(Ⅱ)1月につき60
　単位

㉒安全対策体制加算　20単位(1人につき1回を限度)

12 介護老人福祉施設（特別養護老人ホーム）①

1 介護老人福祉施設の介護報酬イメージ

図表3-9 ●介護老人福祉施設［報酬のイメージ（1日あたり）］

※加算・減算は主なものを記載

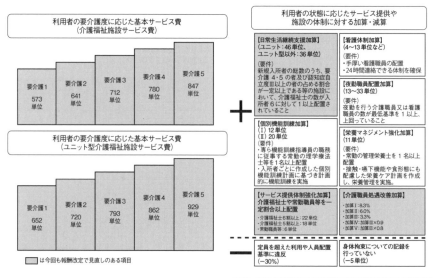

出典：全国介護保険・高齢者保健福祉担当課長会議資料

（1）基本報酬

◎介護福祉施設サービス費

介護福祉施設サービス費（Ⅰ）−個室

介護福祉施設サービス費（Ⅱ）−多床室

◎経過的小規模介護福祉施設サービス費

経過的小規模介護福祉施設サービス費（Ⅰ）−個室

経過的小規模介護福祉施設サービス費（Ⅱ）−多床室

◎ユニット型介護福祉施設サービス費

　　ユニット型介護福祉施設サービス費（I）－個室

　　ユニット型介護福祉施設サービス費（II）－個室的多床室

◎経過的ユニット型小規模介護福祉施設サービス費

　　経過的ユニット型小規模介護福祉施設サービス費（I）－個室

　　経過的ユニット型小規模介護福祉施設サービス費（II）－個室的多床室

①夜勤を行う職員の勤務条件に関する基準を満たさない場合は、所定
　単位数の100分の97に相当する単位数を算定します。

②ユニット型指定介護老人福祉施設について、施設基準を満たさない
　場合は、1日につき所定単位数の100分の97に相当する単位数を
　算定します。

③施設基準に適合している介護老人福祉施設については、準ユニット
　ケア加算として、1日につき5単位を所定単位数に加算します。

④安全管理体制未実施減算－5単位　※令和3年10月より

⑤栄養管理の基準を満たさない場合－14単位　※令和6年4月より

13 介護老人福祉施設（特別養護老人ホーム）②

1　加算

（1）日常生活継続支援加算

1.　日常生活継続支援加算（Ⅰ）

　1日につき36単位を算定します。その算定要件は、以下のとおりです。

1）介護福祉施設サービス費、経過的小規模介護福祉施設サービス費を算定していること。

2）次のいずれかに該当すること。

①算定日の属する月の前6カ月間または前12カ月間における新規入所者の総数のうち要介護4または要介護5の者の占める割合が100分の70以上である。

②算定日の属する月の前6カ月間または前12カ月間における新規入所者の総数のうち介護を必要とする認知症である者の占める割合が100分の65以上であること。

③社会福祉士および介護福祉士法施行規則第1条各号に掲げる行為（喀痰吸引、経管栄養の医療行為）を必要とする者の占める割合が入所者の100分の15以上である。

3）介護福祉士の数が、常勤換算方法で入所者の数が6人またはその端数を増すごとに1人以上であること。

4）通所介護費等の算定方法第12号（厚生省告示第27号）に規定する基準（定員超過減算、人員欠如減算）に該当していないこと。

2. 日常生活継続支援加算（Ⅱ）

1日につき46単位を算定します。(I)の算定要件のすべてに該当し、ユニット型の報酬を算定していることが要件です。

（2）看護体制加算

1. 看護体制加算（I）イ

1日につき6単位を算定します。

1）入所定員が30人以上50人以下である。

2）常勤の看護師を1名以上配置している。

3）入所者数の定員超過減算や人員基準減算がない。

2. 看護体制加算（I）ロ

1日につき4単位を算定します。

1）入所定員が51人以上または経過的小規模である。

2）(I)イの2）、および3）に該当する。

3. 看護体制加算（Ⅱ）イ

1日につき13単位を算定します。

1）(I)イの要件を満たす。

2）看護職員の数が、常勤換算方法で、入所者の数が25またはその端数を増すごとに1以上であり、かつ、介護老人福祉施設に置くべき看護職員の数に1を加えた数以上である。

3）看護職員により、または病院、診療所もしくは訪問看護ステーションの看護職員との連携により、24時間の連絡体制を確保している。

4）(I)イ3）に該当する。

4. 看護体制加算（Ⅱ）ロ

1日につき8単位を算定します。

1）(I)ロの1）に該当するものである。

2）(Ⅱ)イの2）から4）までに該当する。

　なお、短期入所生活介護の事業所を併設している場合は、別に、必要な数の看護職員を配置する必要があります。また、(I)イおよび(Ⅱ)イまたは(I)ロおよび(Ⅱ)ロは、それぞれ同時に算定することができます。

この場合は、(Ⅰ)イまたはロにおいて加算の対象となる常勤の看護師を、(Ⅱ)イまたはロにおける看護職員の配置数の計算に含めることができます。

「24時間の連絡体制」とは、オンコール体制など必要な場合には施設からの緊急の呼出しに応じて出勤する体制です。

(3) 夜勤職員配置加算

1. 夜勤職員配置加算(Ⅰ)イ

1日につき22単位を算定します。

1) 介護福祉施設サービス費を算定している。

2) 入所定員が30人以上50人以下である。

3) 夜勤を行う介護職員または看護職員の数が、夜勤を行う介護職員または看護職員の数に1を加えた数以上である。

2. 夜勤職員配置加算(Ⅰ)ロ

1日につき13単位を算定します。

1) 介護福祉施設サービス費または経過的小規模介護福祉施設サービス費を算定している。

2) 入所定員が51人以上または経過的小規模である。

3) 夜勤を行う介護職員または看護職員の数が、夜勤を行う介護職員または看護職員の数に1を加えた数以上である。

3. 夜勤職員配置加算(Ⅱ)イ

1日につき27単位を算定します。

1) ユニット型介護福祉施設サービス費を算定している。

2) 入所定員が30人以上50人以下である。

3) 夜勤を行う介護職員または看護職員の数が、夜勤を行う介護職員または看護職員の数に1を加えた数以上である。

4. 夜勤職員配置加算(Ⅱ)ロ

1日につき18単位を算定します。

1) ユニット型介護福祉施設サービス費またはユニット型経過的小規模入所者介護福祉施設サービス費を算定している。

2）入所定員が51人以上または経過的小規模である。

3）夜勤を行う介護職員または看護職員の数が、夜勤を行う介護職員または看護職員の数に1を加えた数以上である。

なお、夜勤を行う職員の数は、1日平均夜勤職員数です。1日平均夜勤職員数は、暦月ごとに夜勤時間帯（午後10時から翌日の午前5時までの時間を含めた連続する16時間）における延夜勤時間数を、当該月の日数に16を乗じて得た数で除することによって算定し、小数点第3位以下は切り捨てます。

一部ユニット型指定介護老人福祉施設においては、ユニット部分とそれ以外の部分のそれぞれについて区別して加算の算定の可否を判断します。

ユニット部分において加算の算定基準を満たした場合には、ユニット部分の入所者について(Ⅱ)イまたはロを、ユニット部分以外の部分において加算の算定基準を満たした場合には、当該部分の入所者について(Ⅰ)イまたはロを、それぞれ算定します。

5. 夜勤職員配置加算 (Ⅲ)(Ⅳ)

以下の加算もあります。

(Ⅲ)イ　1日につき28単位

(Ⅲ)ロ　1日につき16単位

(Ⅳ)イ　1日につき33単位

(Ⅳ)ロ　1日につき21単位

これらは、夜勤時間帯を通じて、看護職員を配置していることまたは喀痰吸引等の実施ができる介護職員を配置していること（登録喀痰吸引等事業者として都道府県の登録が必要）が算定要件に加わります。

（4）生活機能向上連携加算

(Ⅰ)は、1カ月につき100単位を算定します。

(Ⅱ)は、1カ月につき200単位を算定します。

(Ⅰ)訪問・通所リハビリテーションを実施している事業所又はリハビリテーションを実施している医療提供施設（病院にあっては、許可病

床数200床未満のものまたは当該病院を中心とした半径4キロメートル以内に診療所が存在しないものに限る。）の理学療法士等や医師からの助言（アセスメント・カンファレンス）を受けることができる体制を構築して、助言を受けた上で、機能訓練指導員等が生活機能の向上を目的とした個別機能訓練計画を作成します。その際、理学療法士等や医師は、通所リハビリテーション等のサービス提供の場またはICTを活用した動画等により、利用者の状態を把握した上で、助言を行います。

（Ⅱ)入所者に機能訓練を行った場合に算定します。ただし、個別機能訓練加算を算定している場合は、1カ月につき100単位を加算します。算定要件は通所介護に同じ。

（5）個別機能訓練加算

（Ⅰ)は、1日につき12単位を算定します。専ら機能訓練指導員の職務に従事する常勤の理学療法士、作業療法士、言語聴覚士、看護職員、柔道整復師またはあん摩マッサージ指圧師、一定の実務経験を有するはり師、きゅう師を1名以上配置して（入所者100以下の場合。100を超える場合は別規定）、機能訓練指導員、看護職員、介護職員、生活相談員その他の職種の者が協働して、入所者ごとに個別機能訓練計画を作成し、計画に基づき計画的に機能訓練を行っている場合に算定します。

（Ⅱ)は、1日につき20単位を算定します。LIFEにデータを提供して活用している場合に算定します

（6）若年性認知症入所者受入加算

1日につき120単位を算定します。若年性認知症入所者に対して指定介護福祉施設サービスを行った場合に算定します。

（7）常勤医師配置加算

1日につき25単位を算定します。専ら従事する常勤の医師を1名

以上配置しているもの(入所者100以下の場合。100を超える場合は別規定)について算定します。

(8)精神科医療養指導加算

　1日につき5単位を算定します。認知症の症状を呈する入所者が全入所者の3分の1を占めて、精神科を担当する医師による定期的な療養指導が月に2回以上行われている場合に算定します。この場合、入所者に対し療養指導を行った記録等を残しておくことが必要です。

(9)障害者生活支援体制加算

　(I)は、1日につき26単位を算定します。

　(Ⅱ)は、1日につき41単位を算定します。

　視覚、聴覚もしくは言語機能に障害のある者、知的障害者または精神障害者(両者合わせて以下視覚障害者等)である入所者の数が15以上または入所者のうち、視覚障害者等である入所者の占める割合が100分の30以上である場合で、専ら障害者生活支援員としての職務に従事する常勤の職員であるものを1名以上配置しているもの(視覚障害者等である入所者の数が50を超える場合、障害者生活支援員1名以上配置、かつ、障害者生活支援員を常勤換算方法で視覚障害者等である入所者の数を50で除した数以上配置しているもの)については、(I)を算定します。

　視覚障害者等である入所者の占める割合が100分の50以上である場合、障害者生活支援員2名以上(視覚障害者等である入所者の数が50を超える場合、障害者生活支援員を2名以上配置、かつ、障害者生活支援員を常勤換算方法で視覚障害者等である入所者の数を50で除した数に1を加えた数以上、配置しているものについては、(Ⅱ)を算定します。

　ただし、(I)を算定している場合、(Ⅱ)は算定しません。

（10）外泊時費用

　1日につき246単位を算定します。入所者が病院または診療所への入院を要した場合および入所者に対して居宅における外泊を認めた場合、1カ月に6日を限度として所定単位数に代えて算定します。ただし、入院または外泊の初日および最終日は算定できません。その他の規定は介護老人保健施設と同じです。

（11）外泊時在宅サービス利用費用

　入所者に対して居宅における外泊を認め、介護老人福祉施設が居宅サービスを提供する場合は、1カ月に6日を限度として所定単位数に代えて1日につき560単位を算定します。ただし、外泊の初日および最終日は算定せず、外泊時費用を算定する場合は、算定しません。

（12）初期加算

　入所日から30日間に限って、1日につき30単位を算定します。その他の規定は介護老人保健施設と同じです。

（13）退所時等相談援助加算

1. 退所前訪問相談援助加算／退所後訪問相談援助加算　各460単位

　規定は介護老人保健施設と同じです。

2. 退所時相談援助加算　400単位

　入所期間が1カ月を超える入所者が退所し、その居宅において居宅サービスまたは地域密着型サービスを利用する場合において、入所者の退所時に入所者およびその家族等に対して退所後の居宅サービス、地域密着型サービスその他の保健医療サービスまたは福祉サービスについて相談援助を行い、かつ、退所の日から2週間以内に当該入所者の退所後の居宅地を管轄する市町村および老人介護支援センターに対して、入所者の介護状況を示す文書を添えて入所者に係る居宅サービスまたは地域密着型サービスに必要な情報を提供した場合に、入所者1人につき1回を限度として算定します。

入所者が退所後にその居宅でなく、他の社会福祉施設等に入所する場合も、同様に算定します。

3. 退所前連携加算　500単位

規定は介護老人保健施設と同じです。

（14）栄養マネジメント強化加算

1日につき11単位を算定します。その他の規定は介護老人保健施設と同じです。

（15）経口移行加算

1日につき28単位を算定します。その他の規定は介護老人保健施設と同じです。

（16）経口維持加算

(I) は、1カ月につき400単位を、(II) は、1カ月につき100単位を算定します。その他の規定は介護老人保健施設と同じです。

（17）口腔衛生管理体制加算

(I)は、1カ月につき90単位を、(II)は、1カ月につき110単位を算定します。その他の規定は介護老人保健施設と同じです。

（18）療養食加算

1回につき6単位を算定します(1日3回を限度)。算定要件は以下のとおりです。

1) 食事の提供が管理栄養士または栄養士によって管理されている。

2) 入所者の年齢、心身の状況によって適切な栄養量および内容の食事の提供が行われている。

3) 食事の提供が、別に厚生労働大臣が定める基準に適合する指定介護老人福祉施設において行われている。

なお、経口移行加算または経口維持加算を算定している場合は算定

できません。その他の規定は介護老人保健施設と同じです。

（19）配置医師緊急時対応加算

　早朝・夜間の場合は、1回につき650単位を、深夜の場合は、1回につき1,300単位を算定します。

　配置医師が施設の求めに応じ、早朝（午前6～8時まで）、夜間（午後6～10時）または深夜（午後10時～午前6時まで）に施設を訪問して入所者に対し診療を行い、かつ、診療を行った理由を記録した場合に算定されます。配置医師は事前に届けるものとし、単に協力病院の医師の場合は算定できません。

　ただし、看護体制加算（Ⅱ）を算定していない場合は、算定しません。

（20）看取り介護加算

1．看取り介護加算（Ⅰ）

①死亡以前31日以上45日以下1日につき72単位。

②死亡日以前4日以上30日以下1日につき144単位。

③死亡日の前日及び前々日1日につき680単位。

④死亡日1日につき1,280単位を死亡月に加算する。

　退所した日の翌日から死亡日までの間は、算定しません。

　看取り介護の体制構築・強化をPDCAサイクルにより推進することを要件として、手厚い看取り介護の実施を図る加算です。

　その算定要件は、下記のとおりです。

◎PDCAサイクルによる体制の構築	
Plan	看取りの指針を定めることで方針の明確化
Do	医師の診断を前提として介護計画に基づいて支援を行う。
Check	多職種が参加するカンファレンスを通じて、看取りの検証や職員の精神的負担の把握と支援を行う。
Action	指針と実施体制の見直しを行う。

①常勤の看護師を1人以上配置して介護老人福祉施設または病院、診療所、訪問看護ステーションの看護職員との連携により24時間連

絡できる体制を確保していること。

②看取りに関する指針を定めて入所の際に、入所者またはその家族等に対して、当該指針の内容を説明して同意を得ていること。

③多職種による協議の上、介護老人福祉施設における看取りの実績等を踏まえて看取りに関する指針の見直しを行うこと。

④看取りに関する職員研修を行っていること。

⑤看取りを行う際に個室または静養室の利用が可能となるよう配慮を行うことです。

その算定対象者は、以下のとおりです。

(a)医師が医学的知見に基づいて回復の見込みがないと診断した者であること。

(b)多職種共同で作成した入所者の介護に係る計画について内容に応じ適当な者から説明を受けて同意している者であること。

(c)看取り指針に基づき、介護記録等入所者に関する記録を活用し行われる介護についての説明を受けて同意した上で介護を受けている者であること。

2. 看取り介護加算 (Ⅱ)

入所者が施設内で死亡した場合に、

①死亡以前31日以上45日以下1日につき72単位。

②死亡日以前4日以上30日以下1日につき144単位。

③死亡日の前日及び前々日1日につき780単位。

④死亡日1日につき1,580単位を死亡月に加算する。

ただし、(Ⅰ)を算定している場合は、算定しません。

(21) 在宅復帰支援機能加算

1日につき10単位を算定します。次に掲げる基準のいずれにも適合している場合に算定します。

1) 入所者の家族と退所後の居宅サービスその他の保健医療サービスまたは福祉サービスについての相談援助、市町村および地域包括支援センターまたは老人介護支援センターに対して、入所者の介護状

況を示す文書を添えて、居宅サービスに必要な情報を提供する連絡調整を行っている。

2）入所者が利用を希望する居宅介護支援事業者に対して、入所者に係る居宅サービスに必要な情報の提供、退所後の居宅サービスの利用に関する調整を行っている。

なお、在宅復帰支援機能加算の算定を行った場合は、その算定根拠等の関係書類を整備しておきます。

（22）在宅・入所相互利用加算

1日につき40単位を算定します。

1）算定日が属する月の前6カ月間において退所した者の総数のうち、期間内に退所し在宅において介護を受けることとなった者（当入所期間が1カ月超の者に限る）の占める割合が100分の20を超えている。

2）退所者の退所した日から30日以内に、施設の従業者が居宅を訪問し、または指定居宅介護支援事業者から情報提供を受けることにより、退所者の在宅における生活が1カ月以上継続する見込みであることを確認し、記録している。

なお、流れは次のようになります。

①同一の個室を複数人で交互に利用する在宅・入所相互利用を開始するに当たり、在宅期間と3カ月を限度の入所期間について、文書による同意を得る。

②施設の介護支援専門員、施設の介護職員等、在宅の介護支援専門員、在宅期間に対象者が利用する居宅サービス事業者等による支援チームをつくる。

③支援チームは、必要に応じおおむね1カ月に1回カンファレンスを開く。

④カンファレンスにおいては、それまでの在宅期間または入所期間における対象者の心身の状況を報告し、目標および方針に照らした介護の評価を行うとともに、次期の在宅期間または入所期間における介護の目標および方針をまとめ、記録する。

⑤施設の介護支援専門員および在宅の介護支援専門員の機能および役割分担については、支援チームの中で協議して適切な形態を定める。

（23）認知症専門ケア加算

1. 認知症専門ケア加算（I）

1日につき3単位を算定します。

次に掲げる基準のいずれにも適合すること。

1）利用者、入所者または入院患者の総数のうち、日常生活自立度のランクⅢ、ⅣまたはMに該当する認知症の者の占める割合が2分の1以上である。

2）認知症介護に係る専門的な研修を終了している者を、対象者の数が20人未満である場合にあっては1以上、対象者の数が20人以上である場合にあっては10またはその端数を増すごとに1を加えて得た数以上配置し、チームとして専門的な認知症ケアを実施している。

3）事業所または施設の従業者に対して認知症ケアに関する留意事項の伝達または技術的指導に係る会議を定期的に開催している。

2. 認知症専門ケア加算（Ⅱ）

1日につき4単位を算定します。

次に掲げる基準のいずれにも適合すること。

1）（I）の基準のいずれにも適合する。

2）認知症介護の指導に係る専門的な研修を修了している者を1名以上配置し、事業所または施設全体の認知症ケアの指導等を実施している。

3）事業所または施設における介護職員、看護職員ごとの認知症ケアに関する研修計画を作成し、計画に従い研修を実施または実施を予定している。

（24）認知症行動・心理症状緊急対応加算

1日につき200単位を算定します。

医師が、認知症の行動・心理症状が認められるため、在宅での生活

が困難であり、緊急に介護福祉施設サービスを行う必要があると判断した者に対して、入所した日から起算して7日を限度として算定します。

（25）褥瘡マネジメント加算

(Ⅰ)　1カ月につき3単位

(Ⅱ)　1カ月につき13単位

(Ⅲ)　1カ月につき10単位

※老健に同じ

（26）排せつ支援加算

(Ⅰ)　1カ月につき10単位

(Ⅱ)　1カ月につき15単位

(Ⅲ)　1カ月につき20単位

(Ⅳ)　1カ月につき100単位

※老健に同じ

（27）自立支援促進加算

1カ月につき300単位

（28）科学的介護推進体制加算

(Ⅰ)　1カ月につき40単位

(Ⅱ)　1カ月につき50単位

（29）安全対策体制加算

20単位（1人1回を限度）

（30）ADL維持等加算

(Ⅰ)　1カ月につき30単位

(Ⅱ)　1カ月につき60単位

14 グループホーム

1 基本報酬

（1）認知症対応型共同生活介護費（1日につき）

①要介護1　（I）764単位　（II）752単位

②要介護2　（I）800単位　（II）787単位

③要介護3　（I）823単位　（II）811単位

④要介護4　（I）840単位　（II）827単位

⑤要介護5　（I）858単位　（II）844単位

※（I）は1ユニット　（II）は2ユニット以上に算定

入居者の入退院支援の取組

　利用者が病院又は診療所への入院して、入院後3カ月以内に退院が見込まれる入居者に、退院予定が近づいた時点からベッドをショートステイに使用せず、退院後の再入居の受け入れ体制を整えている場合に、1月に6日を限度として所定単位数に代えて1日につき246単位を算定する。

（2）短期利用認知症対応型共同生活介護費（1日につき）

①要介護1　（I）792単位　（II）780単位

②要介護2　（I）828単位　（II）816単位

③要介護3　（I）853単位　（II）840単位

④要介護4　（I）869単位　（II）857単位

⑤要介護5　（Ⅰ）886単位　（Ⅱ）873単位

※（Ⅰ）は1ユニット　（Ⅱ）は2ユニット以上に算定

　夜勤を行う職員の勤務条件に関する基準を満たさない場合は、所定単位数の100分の97に相当する単位数を算定します。また、短期利用認知症対応型共同生活介護については、認知症対応型共同生活介護の事業者が介護保険法の各サービスのいずれかの指定を初めて受けた日から3年以上経過していることが要件となります。

　3ユニットで夜勤を行う職員の員数を2人以上とする場合－50単位

2 加算

（1）夜間支援体制加算

1. 夜間支援体制加算（Ⅰ）

　1日につき50単位を算定します。その算定要件は、定員超過、標準人員欠如減算の対象でないこと。夜勤を行う介護従業者および宿直勤務に当たる者の合計数が2人以上であることです。

2. 夜間支援体制加算（Ⅱ）

　1日につき25単位を算定します。夜勤を行う介護従業者および宿直勤務に当たる者の合計数が、認知症対応型共同生活介護事業所を構成する共同生活住居の数に1を加えた数以上であることが算定要件です。

（2）認知症行動・心理症状緊急対応加算

　1日につき200単位を算定します。短期利用認知症対応型共同生活介護費について、医師が、認知症による認知機能の障害に伴う妄想・幻覚・興奮・暴言等の行動・心理症状が認められるため在宅での生活が困難であり緊急に指定認知症対応型共同生活介護を利用することが適当であると判断した者に対し、当該日またはその次の日に利用を開

始した日から起算して7日を限度として加算します。

　判断を行った医師は診療録等に症状、判断の内容等を記録すること。事業所も判断を行った医師名、日付および利用開始に当たっての留意事項等を介護サービス計画書に記録することが求められます。

(3) 若年性認知症利用者受入加算

　1日につき120単位を算定します。若年性認知症利用者に対して、指定認知症対応型共同生活介護を行った場合に加算します。

(4) 看取り介護加算

　介護老人福祉施設の看取り介護加算と同じ。

(5) 初期加算

　入居した日から起算して30日以内の期間については、初期加算として1日につき30単位を加算します。入所者が過去3カ月間（ただし、日常生活自立度のランクⅢ、ⅣまたはMに該当する者の場合は過去1カ月間とする）の間に入居したことがない場合に限り算定できます。また、医療機関に1ヶ月以上入院したのち、退院して再入居する場合も初期加算の算定できます。

(6) 医療連携体制加算

　(I)　1日につき39単位
　(II)　1日につき49単位
　(III)　1日につき59単位

　(I)の算定基準は、①職員、または病院もしくは診療所もしくは訪問看護ステーションとの連携により、看護師を1名以上確保していること。准看護師では本加算は認められない。②看護師により24時間連絡体制を確保していること。③重度化した場合の対応に係る指針を定め、入居の際に、入居者またはその家族等に対して当該指針の内容を説明し、同意を得ていること。

　（Ⅱ）の算定基準は、①事業所の職員として看護職員を常勤換算で1名以上配置している、②事業所の職員として配置している看護職員が准看護師のみである場合には、病院、もしくは訪問看護ステーションの看護師との連携体制を確保する、③算定日が属する月の前12カ月間において、喀痰吸引を実施・経鼻胃管や胃ろう等の経腸栄養を実施した利用者が1人以上。

　（Ⅲ）の算定基準は、事業所の職員として看護師を常勤換算で1名以上配置しているなど。

（7）退居時相談援助加算

　1回に限り400単位を算定します。利用期間が1カ月を超える利用者が退居し、その居宅において居宅サービスまたは地域密着型サービスを利用する場合において、利用者の退居時に利用者およびその家族等に対して退居後の居宅サービス、地域密着型サービスその他の保健医療サービスまたは福祉サービスについて相談援助を行い、かつ、利用者の同意を得て退居の日から2週間以内に利用者の退居後の居宅地を管轄する市町村および老人介護支援センターまたは地域包括支援センターに対して、利用者の介護状況を示す文書を添えて当該利用者に係る居宅サービスまたは地域密着型サービスに必要な情報を提供した場合に、利用者1人につき1回を限度として算定します。

（8）認知症専門ケア加算

1．認知症専門ケア加算（Ⅰ）

　1日につき3単位を算定します。

1）利用者、入所者または入院患者の総数のうち、日常生活自立度のランクⅢ、ⅣまたはMに該当する認知症の者の占める割合が2分の1以上である。

2）認知症介護に係る専門的な研修を修了している者を、対象者の数が20人未満である場合にあっては1以上、当該対象者の数が20人以上である場合にあっては10またはその端数を増すごとに1を加

えて得た数以上配置し、チームとして専門的な認知症ケアを実施している。

3）事業所または施設の従業者に対して、認知症ケアに関する留意事項の伝達または技術的指導に係る会議を定期的に開催している。

2. 認知症専門ケア加算（Ⅱ）

1日につき4単位を算定します。

1）認知症専門ケア加算（Ⅰ）の基準のいずれにも適合する。

2）認知症介護の指導に係る専門的な研修を修了している者を1名以上配置し、事業所または施設全体の認知症ケアの指導等を実施している。

3）事業所または施設における介護職員、看護職員ごとの認知症ケアに関する研修計画を作成し、当該計画に従い研修を実施または実施を予定している。

（9）栄養管理体制加算

1カ月につき30単位

（10）口腔・栄養スクリーニング加算

1回につき20単位

※通所介護に同じ

（11）科学的介護推進体制加算

1カ月につき40単位

※通所介護に同じ

15 小規模多機能型居宅介護

1 基本報酬

	(1)同一建物に居住する者以外の者に対して行う場合	(2)同一建物に居住する者に対して行う場合
①要介護1	10,423単位	9,391単位
②要介護2	15,318単位	13,802単位
③要介護3	22,283単位	20,076単位
④要介護4	24,593単位	22,158単位
⑤要介護5	27,117単位	24,433単位

　小規模多機能型居宅介護事業所に登録した者について、登録者の要介護状態区分に応じて、登録している期間1カ月につきそれぞれ所定単位数を算定します。

　月途中から登録した場合または月途中に登録を終了した場合には、登録していた期間に対応した単位数を算定します。

　登録日は、利用者が利用契約を結んだ日ではなく、通い、訪問または宿泊のいずれかのサービスを実際に利用開始した日とし、登録終了日は、利用者が利用契約を終了した日とします。通いサービス、訪問サービスおよび宿泊サービスの算定月における提供回数について、登録者1人当たり平均回数が週4回に満たない場合は、所定単位数の100分の70に相当する単位数を算定します。

2　短期利用居宅介護費

①　570単位

②　638単位

③　707単位

④　774単位

⑤　840単位

　短期利用居宅介護費を算定する場合は、次の基準のいずれにも適合することが必要です。

①小規模多機能居宅介護サービス利用者の登録者の数が、登録定員未満であること。

②指定居宅介護支援事業所の介護支援専門員が、緊急に利用することが必要と認めた場合で、指定小規模多機能型居宅介護事業所の介護支援専門員が、当該指定小規模多機能型居宅介護事業所の登録者に対する指定小規模多機能型居宅介護の提供に支障がないと認めた場合であること。

③あらかじめ7日以内（利用者の日常生活上の世話を行う家族等の疾病等やむをえない事情がある場合は14日以内）の利用期間を定めること。

④人員基準を満たしていること。

⑤過少サービスの減額対象ではないこと。

　短期利用に活用可能な宿泊室数は以下の算式で求めます。

$$\frac{当該事業所の宿泊室の数 \times (当該事業所の登録定員 - 当該事業所の登録者数)}{当該事業所の登録定員}$$

※小数点第1位以下切り捨て

3 加算

（1）初期加算

　登録した日から起算して30日以内の期間について、1日につき30単位を加算します。30日を超える病院または診療所への入院後に利用を再び開始した場合も同様とします。

（2）認知症加算

1. 認知症加算（I）

　1カ月につき800単位を算定します。

　日常生活自立度のランクⅢ、ⅣまたはMに該当する認知症の者が算定対象です。

2. 認知症加算（Ⅱ）

　1カ月につき500単位を算定します。

　要介護状態区分が要介護2である者であって、日常生活自立度のランクⅡに該当する認知症のものが算定対象です。

（3）若年性認知症利用者受入加算

　1カ月につき800単位を算定します。

　若年性認知症利用者ごとに個別の担当者を定めている場合に算定します。ただし、認知症加算を算定している場合は、算定しません。

（4）看護職員配置加算

1. 看護職員配置加算（I）

　1カ月につき900単位を算定します。

1）専ら職務に従事する常勤の看護師を1名以上配置している。

2）入所者数の定員超過減算や人員基準減算がない。

2. 看護職員配置加算（Ⅱ）

　1カ月につき700単位を算定します。

1）専ら職務に従事する常勤の准看護師を1名以上配置している。

2）入所者数の定員超過減算や人員基準減算がない。

　なお、（I）を算定している場合は、（II）は算定しません。

3．看護職員配置加算（III）

　1カ月につき480単位を算定します。

　算定要件は、看護職員を常勤換算方法で1人以上配置していること。定員超過、標準人員欠如減算の対象でないことです。

（5）市町村独自加算

　市町村長が厚生労働省に市町村独自報酬の算定を行いたい旨の申請をし、厚生労働大臣がその内容を認めた場合に限り、小規模多機能型居宅介護事業所において所定単位数に加算した単位数を算定することができる仕組みです。算定要件については、市町村それぞれが定めることができます。

（6）看取り連携体制加算

　死亡日および死亡日以前30日以下について1日につき64単位を死亡月に算定します。施設基準は、①看護師により24時間連絡できる体制を確保していること、②看取り期における対応方針を定めて利用開始の際に登録者またはその家族等に対して対応方針の内容を説明して同意を得ていることです。看護職員配置加算(I)を算定していない場合は算定できません。

（7）訪問体制強化加算

　1カ月につき1,000単位を算定します。登録者の居宅における生活を継続するための訪問介護サービスの提供体制を強化した場合に該当し、次のいずれにも適合することが必要です。①訪問サービスの提供に当たる常勤の従業者を2人以上配置していること。②月の延べ訪問回数が1カ月当たり200回以上であること。ただし、同一建物に集合住宅を併設している場合には、登録者のうち同一建物居住者以外の者

の占める割合が50%以上であり、かつ、その登録者に対する延べ訪問回数が1カ月当たり200回以上であることは必要です。

（8）総合マネジメント体制強化加算

1カ月につき1,000単位を算定します。算定要件は、次のいずれにも適合することです。①多職種協働で小規模多機能型居宅介護計画の見直しを行っていること、②利用者の地域における多様な活動が確保されるように日常的に地域住民等との交流を図り、利用者の状態に応じて地域の行事や活動等に積極的に参加していることの2点です。

（9）生活機能向上連携加算

（Ⅰ）　1カ月につき100単位（初回実施月）

（Ⅱ）　1カ月につき200単位（実施月以降3カ月）

（Ⅰ)は、介護支援専門員が、訪問リハビリテーション事業所、通所リハビリテーション事業所またはリハビリテーションを実施している医療提供施設の医師、理学療法士、作業療法士または言語聴覚士の助言に基づき、生活機能の向上を目的とした小規模多機能型居宅介護計画を作成し、計画に基づく指定小規模多機能型居宅介護を行ったときは、初回実施月に算定します。

（Ⅱ)は、利用者に対して、訪問リハビリテーション事業所、通所リハビリテーション事業所またはリハビリテーションを実施している医療提供施設の医師、理学療法士、作業療法士または言語聴覚士が、訪問リハビリテーション、通所リハビリテーション等の一環として利用者の居宅を訪問する際に、介護支援専門員が同行する等により、医師、理学療法士、作業療法士または言語聴覚士と利用者の身体の状況等の評価を協働して行い、かつ、生活機能の向上を目的とした小規模多機能型居宅介護計画を作成した場合、医師、理学療法士、作業療法士または言語聴覚士と連携し、計画に基づく介護を行ったときは、初回実施月以降3カ月の間、1カ月につき所定単位数を加算します。ただし、(Ⅰ)を算定している場合は、算定しません。

（10）口腔・栄養スクリーニング加算

　１回につき20単位

　事業所の従業者が、利用開始時及び利用中６カ月ごとに利用者の栄養状態について確認を行い、利用者の栄養状態に関する情報（低栄養状態の改善に必要な情報を含む）を介護支援専門員に提供した場合に、１回につき加算します。ただし、利用者が当該事業所以外ですでに栄養スクリーニング加算を算定している場合は算定しません

（11）認知症行動・心理症状緊急対応加算

　１日につき200単位（７日を限度）

（12）科学的介護推進体制加算

　１カ月につき40単位

16 居宅介護支援①

1 居宅介護支援の介護報酬イメージ

図表3-10●居宅介護支援の介護報酬イメージ（1カ月当たり）

	要介護 1．2	要介護 3．4．5
居宅介護支援費(ⅰ) 40件未満	1,076単位	1,398単位
居宅介護支援費(ⅱ) 40件以上60件未満	539単位	698単位
居宅介護支援費(ⅲ) 60件以上	323単位	418単位

※介護予防支援受託者数は2分の1で件数に含む

＋

退院・退所時の病院等との連携 450〜900単位／回
入院時情報連携加算（Ⅰ）　200単位 入院時情報連携加算（Ⅱ）　100単位
初回利用者へのケアマネジメントへの 評価　300単位
ケアマネジメント等の質の高い事業所 への評価　特定事業所加算（Ⅰ）505単 位　（Ⅱ）407単位　（Ⅲ）309単位　（A） 100単位
小規模多機能型居宅介護事業所との連 携　300単位／月
看護小規模多機能型居宅介護事業所連 携加算　300単位／月

－

サービス担当者会議や利用者の居宅訪 問未実施等　－50% 2カ月以上継続は　－100%
訪問介護サービス等について、特定の事業 所の割合が80%以上の場合　－200単位

介護予防支援の介護報酬イメージ（1カ月当たり）

介護予防支援費　438単位

＋

小規模多機能型居宅介護事業所との連 携　300単位
初回利用者へのケアマネジメントへの 評価　300単位

厚生労働省資料を基に筆者が作成

（1）基本報酬

1. 居宅介護支援費（ⅰ）

1）要介護1または要介護2　1,076単位

2）要介護3、要介護4または要介護5　1,398単位

2. 居宅介護支援費（ⅱ）

1）要介護1または要介護2　539単位

2）要介護3、要介護4または要介護5　698単位

3. 居宅介護支援費（ⅲ）

1）要介護1または要介護2　323単位

2）要介護3、要介護4または要介護5　418単位

4. 居宅介護支援費の所定単位の適用関係

1）取扱件数が40未満の場合…居宅介護支援費（ⅰ）

2）取扱件数が40以上60未満の場合

　　40未満の部分…居宅介護支援費（ⅰ）

　　40以上の部分…居宅介護支援費（ⅱ）

3）取扱件数が60以上の場合

　　40未満の部分…居宅介護支援費（ⅰ）

　　40以上60未満の部分…居宅介護支援費（ⅱ）

　　60以上の部分…居宅介護支援費（ⅲ）

5. 取扱件数の取扱い

$$\frac{要介護者の数＋要支援者の数 \times \frac{1}{2}}{介護支援専門員の数（常勤換算人数）} = 取扱件数$$

6. 居宅介護支援費の割り当て

　居宅介護支援（ⅰ）、（ⅱ）または（ⅲ）の利用者ごとの割り当てに当たっては、利用者の契約日が古いものから順に算定します。

7. ICT等の活用の特例

　ICTの活用又は事務員を配置して13条業務の負担軽減、効率化を行なっている場合、（ⅰ）の40件未満を45件未満とします。

17 居宅介護支援②

1　加算

（1）初回加算

　新規に居宅サービス計画を作成する利用者に対して1カ月につき300単位を算定します。具体的には①新規に居宅サービス計画を作成する場合、②要支援者が要介護認定を受けた場合に居宅サービス計画を作成する場合、③要介護状態区分が2区分以上変更された場合に居宅サービス計画を作成する場合、に算定されます。

（2）特定事業所加算

　基準区分に従い、1カ月につき次の所定単位数を算定します。

1．特定事業所加算(Ⅰ)　505単位

1）常勤専従の主任介護支援専門員を2人配置。

2）常勤専従の介護支援専門員を3人以上配置。

3）会議の定期的な開催。

4）24時間連絡体制を確保し、必要に応じて利用者等の相談に対応する体制を確保。

5）要介護3、要介護4および要介護5である者の占める割合が100分の40以上。

6）計画的に研修を実施。

7）地域包括支援センターから支援が困難な事例を紹介された場合、支援が困難な事例に係る者に指定居宅介護支援を提供。

8）地域包括支援センター等が実施する事例検討会等に参加。

9）運営基準減算または特定事業所集中減算の適用を受けていない。
10）利用者数が介護支援専門員1人当たり40人未満である。（又は45人未満）
11）介護支援専門員実務研修における実習への協力、または協力体制を確保している。
12）他の法人が運営する指定居宅介護支援事業者と共同で事例検討会、研修会等を実施している。
13）多様な主体の生活支援サービス（インフォーマルを含む）が包括的に提供されるようなケアプランを必要に応じて立てていること。

2. 特定事業所加算(Ⅱ) 407単位

1）常勤専従の主任介護支援専門員を1人配置。
2）(Ⅰ)のうち、2）～4）、6）～12）を満たす。

3. 特定事業所加算(Ⅲ) 309単位

1）常勤専従の主任介護支援専門員を1人配置。
2）常勤専従の介護支援専門員を2人以上配置。
3）(Ⅰ)のうち、3）、4）、6）～12）を満たす。

4. 特定事業所加算(A) 100単位

1）常勤専従の主任介護支援相談員を1名配置
2）常勤専従の介護支援相談員を1名以上配置
3）非常勤の介護支援相談員を1名以上配置
4）Ⅰのうち、3、4、6～13を満たす。

以下の要件について、他の事業所との連携によって具体化することを可能とする。

・24時間の連絡体制の確保
・事業所のケアマネへの計画的な研修の実施
・実務研修の実習への協力
・他法人との協力による事例検討会の開催

(3) 共通項目

常勤かつ専従の主任介護支援専門員については、業務に支障がない

場合は、同一敷地内にある他の事業所の職務の兼務が可能です。常勤専従の介護支援専門員とは別に、主任介護支援専門員を置く必要があります。研修における実習への協力、または協力体制を確保とは、現に研修の受け入れが行われている場合に限らず、研修の実施期間との書面で同意しているなど受け入れ体制が整っていることで要件を満たします。

　会議の定期的な開催における要件は次のとおりです。

1）議題は、少なくとも次のような議事を含める。

　⒜現に抱える処遇困難ケースについての具体的な処遇方針

　⒝過去に取り扱ったケースについての問題点およびその改善方策

　⒞地域における事業者や活用できる社会資源の状況

　⒟保健医療および福祉に関する諸制度

　⒠ケアマネジメントに関する技術

　⒡利用者からの苦情があった場合は、その内容および改善方針

　⒢その他必要な事項

2）議事の記録を作成し、2年間保存しなければならない。

3）「定期的」とは、おおむね週1回以上である。

4）「24時間連絡可能な体制」とは、常時、担当者が携帯電話等により連絡をとることができ、必要に応じて相談に応じることが可能な体制をとることで、介護支援専門員が輪番制による対応等も可能である。

5）取り扱う利用者数は、原則として事業所単位で平均して介護支援専門員1人当たり40人未満であれば差し支えないが、不当に特定の者に偏るなど適切なケアマネジメントに支障がでることがないよう配慮しなければならない。

（4）入院時情報連携加算

　⑴200単位／月、⑵100単位／月。

　利用者が病院または診療所に入院するに当たって、入院後3日以内に介護支援専門員が病院または診療所の職員に対して必要な情報を提

供した場合は(I)を算定します。提供方法は問いません。

　入院後4日以上7日以内に介護支援専門員が病院または診療所に情報を提供した場合は(Ⅱ)を算定します。こちらも提供方法は問いません。

　利用者1人につき1カ月に1回を限度とします。

(5) 退院・退所加算

　(I)イ 450単位

　(I)ロ 600単位

　(Ⅱ)イ 600単位

　(Ⅱ)ロ 750単位

　(Ⅲ)　900単位

　退院または退所し、その居宅において居宅サービスまたは地域密着型サービスを利用する場合において、利用者の退院または退所に当たって、病院、診療所、地域密着型介護老人福祉施設または介護保険施設の職員と面談を行い、利用者に関する必要な情報の提供を得た上で、居宅サービス計画を作成し、居宅サービスまたは地域密着型サービスの利用に関する調整を行った場合に入院または入所期間中に1回を限度として算定します。ただし、初回加算を算定する場合は算定しません。

　算定基準には、(I)イは、病院、診療所、地域密着型介護老人福祉施設または介護保険施設の職員から利用者について必要な情報の提供をカンファレンス以外の方法により1回受けている、(I)ロは、カンファレンスにより1回受けている、(Ⅱ)イは、カンファレンス以外の方法により2回以上受けている、(Ⅱ)ロは、情報の提供を2回受けており、うち1回以上はカンファレンスによる、(Ⅲ)は、情報の提供を3回受けており、うち1回以上はカンファレンスによる、があります。

(6) ターミナルケアマネジメント加算

　1カ月につき400単位を算定します。

　在宅で死亡した利用者（末期の悪性腫瘍の患者に限る）に対して、その死亡日及び死亡日前14日以内に2日以上、利用者またはその家族の同意を得て、居宅を訪問し、利用者の心身の状況等を記録し、主治の医師及び居宅サービス計画に位置付けた居宅サービス事業者に提供した場合は、1カ月につき所定単位数を算定します。

　ターミナルケアマネジメントを受けることに同意した利用者について、24時間連絡できる体制を確保しており、かつ、必要に応じて指定居宅介護支援を行うことができる体制を整備している必要があります。

（7）特定事業所医療介護連携加算

　1カ月につき125単位

（8）通院時情報連携加算

　1カ月につき50単位

18 居宅介護支援③

1 減算

（1）特定事業所集中減算

　1カ月につき200単位を減算します。正当な理由なく、前6カ月間に作成した居宅サービス計画に位置付けられた訪問介護、通所介護または福祉用具貸与の提供総数のうち、同一の訪問介護サービス等に係る事業者によって提供されたものの占める割合が100分の80を超えている場合に減算になります。

　事業所ごとに次の計算式により計算し、いずれかの値が80％を超えた場合に減算します。

①当該サービスに係る紹介率最高法人の居宅サービス計画数÷当該サービスに位置付けた計画数

※紹介率最高法人＝最もその紹介件数の多い法人

※2015（平成27）年9月1日より適用

　なお、正当な理由の範囲は以下のとおりです。

1）事業の実施地域に各サービスで5事業所未満である。

2）特別地域居宅介護支援加算を受けている事業者である。

3）1カ月当たりの平均居宅サービス計画件数が20件以下など、事業所が小規模である。

4）サービスの質が高いことによる利用者の希望を勘案した場合などにより特定の事業者に集中していると認められる。

5）その他正当な理由と都道府県知事が認めた。

（2）運営基準減算

　単位数の100分の50に相当する単位数で算定し、2カ月以上継続している場合は所定単位数は算定しません。

1. 居宅サービス計画の新規作成およびその変更

1）介護支援専門員が利用者の居宅を訪問し、利用者およびその家族に面接していない場合には、居宅サービス計画に係る月から状態が解消されるに至った月の前月まで減算する。

2）介護支援専門員がサービス担当者会議の開催等を行っていない場合は、当該月から状態が解消されるに至った月の前月まで減算する。

3）介護支援専門員が、居宅サービス計画の原案の内容について利用者またはその家族に対して説明し、文書により利用者の同意を得た上で、居宅サービス計画を利用者および担当者に交付していない場合は、当該月から当該状態が解消されるに至った月の前月まで減算する。

2. サービス担当者会議を行っていない場合

　次の場合に、当該月から当該状態が解消されるに至った月の前月まで減算します。

1）居宅サービス計画を新規に作成した場合。

2）要介護認定を受けている利用者が要介護更新認定を受けた場合。

3）要介護認定を受けている利用者が要介護状態区分の変更の認定を受けた場合。

3. モニタリング

　次の場合に減算されます。

1）介護支援専門員が1カ月に利用者の居宅を訪問し、利用者に面接していない場合には、その月から当該状態が解消されるに至った月の前月まで減算する。

2）介護支援専門員がモニタリングの結果を記録していない状態が1カ月以上継続する場合には、その月から当該状態が解消されるに至った月の前月まで減算する。

4. 契約時の説明

　利用者やその家族に対して、利用者はケアプランに位置付ける居宅サービス事業所について、複数の事業所の紹介を求めることが可能であること、その事業所をケアプランに位置付けた理由を求めることが可能であることの説明を行わなかった場合に減算します。

　前6月間に作成された居宅サービス計画の総数のうちに訪問介護、通所介護、福祉用具貸与、地域密着型通所介護（「訪問介護等」）がそれぞれ位置付けられた居宅サービス計画の数が占める割合および前6月間に当該居宅介護支援事業所において作成された居宅サービス計画に位置付けられた訪問介護等ごとの回数のうちに同一のサービス事業者によって提供されたものが占める割合について文書を交付して説明を行っていない場合には、契約月から当該状態が解消されるに至った月の前月まで減算となります。

19 サービス共通事項

1 共通の加算

(1) 介護職員処遇改善加算

　介護職員処遇改善加算では、基本報酬と加算、減算を加除した1カ月あたりの総単位数に介護職員処遇改善加算のサービス別の加算率を乗じた単位数が加算算定額となります。事業者は加算として算定した額以上の金額を介護職員の賃金(基本給、手当、賞与等)として支払わなければなりません。これを賃金改善と言います。加算として取得した金額を事業所に残すことは加算の算定要件に反するために認められていません。賃金以外の処遇改善(職場環境等要件)に要した費用

図表3-11 ●介護職員処遇改善加算／算定率

サービス区分	加算Ⅰ	加算Ⅱ	加算Ⅲ
訪問介護、夜間対応型訪問介護、定期巡回随時対応	13.7%	10.0%	5.5%
訪問入浴	5.8%	4.2%	2.3%
通所介護、地域密着型通所介護	5.9%	4.3%	2.3%
通所リハビリテーション	4.7%	3.4%	1.9%
特定入居者生活介護、地域密着型特定施設	8.2%	6.0%	3.3%
認知症対応型通所介護	10.4%	7.6%	4.2%
小規模多機能型、看護小規模多機能型	10.2%	7.4%	4.1%
認知症対応型共同生活介護	11.1%	8.1%	4.5%
介護福祉施設、地域密着型福祉施設、短期入所生活介護	8.3%	6.0%	3.3%
介護保健施設、短期入所療養介護	3.9%	2.9%	1.6%
介護療養型、短期入所療養介護(病院)	2.6%	1.9%	1.0%
介護医療院、短期入所療養介護(医療院)	2.6%	1.9%	1.0%

2018年4月度

出所：厚生労働省資料を基に筆者作成

や福利厚生費用、就業規則や賃金規定の作成費用などは介護職員処遇改善加算の賃金改善額とはなりませんが、加算相当分を賃金として支給することで増加した社会保険料などの事業者負担相当分は特例として含めることができます。支給対象者は介護職員として勤務した実績が必要であり、介護職員としての勤務実績のない専従の看護職員、機能訓練指導員、生活相談員、送迎担当、経理担当などは対象となりません。

　算定要件においてのポイントはキャリアパス要件などを満たすことです。各加算の要件は以下の通りです。

・（I）：キャリアパス要件 I、キャリアパス要件 II、キャリアパス要件 III 及び職場環境等要件のすべてを満たす。

・（II）：キャリアパス要件 I、キャリアパス要件 II 及び職場環境等要件のすべてを満たすこと。

・（III）：キャリアパス要件 I またはキャリアパス要件 II のいずれかを満たすことに加え、職場環境等要件を満たす。

　また、キャリアパス要件は、以下の通りです。いずれも、すべての項目に適合することが求められます。

・キャリアパス要件 I

　イ　介護職員の任用の際における職位、職責または職務内容等に応じた任用等の要件（介護職員の賃金に関するものを含む）を定めている。

　ロ　イに掲げる職位、職責または職務内容等に応じた賃金体系（一時金等の臨時的に支払われるものを除く）について定めている。

　ハ　イ及びロの内容について就業規則等の明確な根拠規定を書面で整備し、すべての介護職員に周知している。

・キャリアパス要件 II

　イ　介護職員の職務内容等を踏まえ、介護職員と意見を交換しながら、資質向上の目標及び1または2に掲げる事項に関する具体的な計画を策定し、計画に係る研修の実施または研修の機会を確保している。

　　1　資質向上のための計画に沿って、研修機会の提供または技術指導等を実施（OJT、OFF-JT 等）するとともに、介護職員の能力評価を行う。

　　2　資格取得のための支援（研修受講のための勤務シフトの調整、休暇の付与、費用〈交通費、受講料等〉の援助等）を実施する。

　ロ　イについて、すべての介護職員に周知している。

・キャリアパス要件Ⅲ

　イ　介護職員について、経験もしくは資格等に応じて昇給する仕組みまたは一定の基準に基づき定期に昇給を判定する仕組みを設けている。具体的には、次の1から3までのいずれかに該当する仕組みである。

　　1　経験に応じて昇給する仕組み

　　「勤続年数」や「経験年数」などに応じて昇給する仕組みである。

　　2　資格等に応じて昇給する仕組み

　　「介護福祉士」や「実務者研修修了者」などの取得に応じて昇給する仕組みである。ただし、介護福祉士資格を有して事業所や法人で就業する者についても昇給が図られる仕組みであることを要する。

　　3　一定の基準に基づき定期に昇給を判定する仕組み

　　「実技試験」や「人事評価」などの結果に基づき昇給する仕組みである。

　　ただし、客観的な評価基準や昇給条件が明文化されていることを要する。

　ロ　イの内容について、就業規則等の明確な根拠規定を書面で整備し、すべての介護職員に周知している。

　しかし、サービス利用者数の大幅な減少などによって経営が悪化して一定期間にわたり収支が赤字となった場合、資金繰りに支障が生じて、最悪の場合は営業の継続が不可能となります。そのため、例外的に一時的に賃金水準を引き下げることを認める規定があります。その要件は、①経営が悪化し一定期間にわたり収支が赤字であって、資金

繰りに支障が生じるなどの状況にあること、②その状況が改善した場合は、賃金水準を引き下げ前の水準に戻すことを条件として、賃金水準を引き下げることについて、適切に労使の合意を得るなど必要な手続を取り、賃金水準を下げざるをえない状況であること等が確認できる決算書や試算表などの書類を添付して保険者に届け出ることで基本給や手当の減額は可能とされました。違反した場合は、加算の全額の返還が求められます。

　加算を算定する場合、事業者は、介護職員の賃金改善に要する費用の見込額が、加算の算定見込額を上回るとする賃金改善に関する介護職員処遇改善計画書を策定し、都道府県知事等に届け出ることが必要です。また、事業年度ごとに処遇改善に関する実績を都道府県知事等に報告することが義務となります。賃金改善を行う方法については、その内容（賃金改善の対象者、支払いの時期、要件、金額等）について計画書等を用いて職員に周知することが算定要件です。介護職員から加算に係る賃金改善に関する照会があった場合は、賃金改善の内容について、わかりやすく回答することが必要です。

（2）介護職員等特定処遇改善加算

算定要件

1．加算要件

　現在の介護職員処遇改善加算の区分Ⅰ～Ⅲのいずれかを算定していることです。

2．職場環境等要件

　各年度において実施が求められます。6つの大項目と、それぞれ4つの内容からなり、令和3年度は6つから3つを選択して各内容から1つ以上を実施します。令和4年度以降は6つの項目全てを実施する必要があります。

3．見える化要件

　介護職員等特定処遇改善加算の算定状況と、職場環境等要件に関する具体的な取組状況を介護サービス情報公表制度、または自事業所の

ホームページを活用して公表します。

加算の算定率〜介護福祉士の配置要件

　加算の算定率はサービス毎に2つの区分が定められています。高い算定率（区分Ⅰ）を算定するための要件を介護福祉士の配置要件といいます。この要件に該当しない場合は、区分Ⅱを算定することになります。介護福祉士の配置要件で区分Ⅰを算定するためには、サービス提供体制強化加算の区分ⅠまたはⅡを算定していることが要件となります。

賃上げを行う単位〜事業所毎か、法人一括か

　賃上げを行う単位は、いずれの方法でも可能です。①、算定する事業所毎に配分する②、法人一括で配分する。事業所毎の場合、事業所毎に計算した算定額を、算定した事業所毎に職員に加算を配分し、計画書も事業所毎に提出します。法人一括を選択した場合、算定額の計算は事業所毎に行いますが、その配分は事業所毎では無く、法人を一つとみなして複数の事業所の職員を一括りにして配分します。法人一括の場合、計画書や実績報告書は一つに纏めて提出します。法人一括の場合でも、居宅介護支援などの非対象サービスに配属される職員への加算額の配分は出来ません。

　すべての職員を、A―Cの3つのグループのいずれかに分けます。法人一括で支給する場合には、法人全体でA〜Cグループを設定します。

Aグループ〜経験技能のある介護職員

　勤続10年以上の介護福祉士を持つ介護職員のグループです。介護福祉士資格は必須の要件となります。勤続10年以上の考え方は事業所の裁量で決めることが出来ます。自法人だけの10年で括っても、前職の法人の経験などを通算して10年としても構いません。次のBグループに該当する職員の中で、介護福祉士を持つことを絶対要件として、勤続10年に満たない職員をAグループに含める事は事業所の裁量の中で認められています。

Bグループ〜それ以外の介護職員

Ａグループに該当しない介護職員のグループです。

Ｃグループ～その他の職員

介護職員以外の職員のグループです。管理者、看護職員、生活相談員、機能訓練指導員、事務員、送迎ドライバー、厨房担当などが該当します。

月額8万の昇給または年収440万の職員の設定

Ａグループから1人以上、月額8万の昇給、または年収440万の職員を作ることが必要です。これには例外措置があります。

グループの平均賃金改善額

グループの年間の賃金改善額の総額を、グループの常勤換算人数で除した金額が平均賃金改善額です。なお、Ｃグループについては、常勤換算人数とともに実人数での計算も認められます。

グループの上限額ルール

Ａグループの平均賃金改善額は、Ｂグループより高いことが必要です。ＣグループはＢグループの平均賃金改善額の2分の1以下であることが必要です。Ｃグループの平均賃金額が、Ｂグループの平均賃金額よりも低い場合は、ＢグループとＣグループは、1：1までの配分が可能です。

Ｃグループの年収制限

Ｃグループにおいて、その職員の年収が440万円を超える場合は支給が出来ません。年収が440万に満たない場合も、年収が440万となった時点で支給ができなくなります。この年収については、非常勤職員については常勤換算で判断します。該当職員もＣグループの人数には含めます。

図表3-12●加算算定対象・非対象サービス

1. 加算算定対象サービス

サービス区分	特定処遇改善加算		現行の処遇改善加算		
	新加算Ⅰ	新加算Ⅱ	加算Ⅰ	加算Ⅱ	加算Ⅲ
・訪問介護 ・夜間対応型訪問介護 ・定期巡回・随時対応型訪問介護看護	6.3%	4.2%	13.7%	10.0%	5.5%
・(介護予防)訪問入浴介護	2.1%	1.5%	5.8%	4.2%	2.3%
・通所介護 ・地域密着型通所介護	1.2%	1.0%	5.9%	4.3%	2.3%
・(介護予防)通所リハビリテーション	2.0%	1.7%	4.7%	3.4%	1.9%
・(介護予防)特定施設入居者生活介護 ・地域密着型特定施設入居者生活介護	1.8%	1.2%	8.2%	6.0%	3.3%
・(介護予防)認知症対応型通所介護	3.1%	2.4%	10.4%	7.6%	4.2%
・(介護予防)小規模多機能型居宅介護 ・看護小規模多機能型居宅介護	1.5%	1.2%	10.2%	7.4%	4.1%
・(介護予防)認知症対応型共同生活介護	3.1%	2.3%	11.1%	8.1%	4.5%
・介護老人福祉施設 ・地域密着型介護老人福祉施設入所者生活介護 ・(介護予防)短期入所生活介護	2.7%	2.3%	8.3%	6.0%	3.3%
・介護老人保健施設 ・(介護予防)短期入所療養介護(老健)	2.1%	1.7%	3.9%	2.9%	1.6%
・介護療養型医療施設 ・(介護予防)短期入所療養介護(病院等)	1.5%	1.1%	2.6%	1.9%	1.0%
・介護医療院 ・(介護予防)短期入所療養介護(医療院)	1.5%	1.1%	2.6%	1.9%	1.0%

2. 加算算定非対象サービス

サービス区分	加算率
(介護予防)訪問看護、(介護予防)訪問リハビリテーション、(介護予防)福祉用具貸与、特定(介護予防)福祉用具販売、(介護予防)居宅療養管理指導、居宅介護支援、介護予防支援	0%

(3) サービス提供体制強化加算

(Ⅰ)は、1回につき22単位を、(Ⅱ)は、1回につき18単位を、(Ⅲ)は、1回につき6単位を算定します。

1. 研修について

サービス従事者の資質向上のための研修内容の全体像と研修実施のための勤務体制の確保を定めるとともに、従業者について個別具体的な研修の目標、内容、研修期間、実施時期等を定めた計画を策定しなければなりません。

2. 会議の開催について

サービス提供に当たる従業者のすべてが参加するものでなければな

りません。なお、実施に当たっては、全員が一堂に会して開催する必要はなく、いくつかのグループに分かれて開催することで差し支えありません。なお、会議の開催状況は、その概要を記録します。「定期的」とは、おおむね1カ月に1回以上開催されている必要があります。

3. 健康診断等について

労働安全衛生法により定期に実施することが義務付けられた「常時使用する労働者」に該当しない訪問入浴介護従業者も含め、少なくとも1年以内ごとに1回、事業主の費用負担により実施しなければなりません。

4. 職員の割合の算出

常勤換算方法により算出した前年度（3月を除く）の平均を用いるこ

図表3-13●サービス提供体制加算（1回につき）

訪問入浴介護 **夜間対応型訪問介護**	研修等を実施しており、かつ、次のいずれかに該当すること。 (1)介護福祉士が40%以上配置されていること、又は、介護福祉士及び介護職員基礎研修修了者の合計が60%以上配置されていること。 (2)介護福祉士が30%以上配置されていること、又は、介護福祉士及び介護職員基礎研修修了者の合計が50%以上配置されていること。	訪問入浴介護 (I)44単位(II)36単位(III)12単位 夜間対応型訪問介護 （夜間対応型訪問介護費(I)を算定） (I)22単位(II)18単位(III)6単位 （夜間対応型訪問介護費(II)を算定） (I)154単位／月(II)126単位／月 (III)42単位／月
訪問看護	研修等、健康診断等を実施しており、かつ、3年以上の勤続年数のある者が30%以上配置されていること。	(I)6単位　(II)3単位
訪問リハビリテーション	3年以上の勤続年数のある者が配置されていること。	(I)6単位　(II)3単位
通所介護 **通所リハビリテーション** **認知症対応型通所介護**	次のいずれかに該当すること。 (1)介護福祉士が50%以上配置されていること。 (2)介護福祉士が40%以上配置されていること。 (3)3年以上の勤続年数のある者が30%以上配置されていること。	(I)22単位　(II)18単位 (III)6単位
療養通所介護	3年以上の勤続年数のある者が30%以上配置されていること。	イ48単位／月　ロ24単位／月
認知症対応型共同生活介護 **地域密着型介護老人福祉施設** **介護老人福祉施設** **介護老人保健施設** **介護療養型医療施設** **介護医療院** **短期入所生活介護** **短期入所療養介護** **特定施設入居者生活介護** **地域密着型特定施設入居者生活介護**	次のいずれかに該当すること。 (1)介護福祉士が60%以上配置されていること。 (2)介護福祉士が50%以上配置されていること。 (3)II 常勤職員が75%以上配置されていること。 　III 3年以上の勤続年数のある者が30%以上配置されていること。	(I)22単位　(II)18単位 (III)6単位

筆者作成

ととします。前年度の実績が６カ月に満たない事業所のみ、届出日の属する月の前３カ月について常勤換算方法により算出した平均を用います。新たに事業を開始・再開した場合は４カ月目以降の届出が可能です。

5. 勤続年数の算定

　事業所における勤務年数に加え、同一法人の経営する他の介護サービス事業所、病院、社会福祉施設等においてサービスを利用者に直接提供する職員として勤務した年数を含めることができます。

図表3-14●サービス提供体制強化加算の見直し

| | 資格・勤続年数要件 | | | サービスの質の向上に資する取組 | 研修実施会議開催 | 健康診断実施 | 定員超過人員欠如減算適用無し |
	Ⅰ(新たな最上位区分)	Ⅱ(現行の加算Ⅰイ相当)	Ⅲ(現行の加算Ⅰロ、加算Ⅱ、加算Ⅲ相当)				
訪問入浴介護	介護福祉士60%以上又は勤続10年以上介護福祉士25%以上	介護福祉士40%以上又は介護福祉士、実務者研修修了者、基礎研修修了者が60%以上	以下のいずれかを満たす。 イ 介護福祉士30%以上又は介護福祉士、実務者研修修了者、基礎研修修了者が50%以上 ロ 勤続7年以上30%以上		○	○	
訪問看護	—	—	イ 勤続7年以上30%以上 ロ 勤続3年以上30%以上		○	○	
訪問リハ	—	—	イ 勤続7年以上1人以上 ロ 勤続3年以上1人以上				
定期巡回	介護福祉士60%以上又は勤続10年以上介護福祉士25%以上	介護福祉士40%以上又は介護福祉士、実務者研修修了者、基礎研修修了者が60%以上	以下のいずれかを満たす。 イ 介護福祉士30%以上又は介護福祉士、実務者研修修了者、基礎研修修了者が50%以上 ロ 常勤職員60%以上 ハ 勤続7年以上30%以上		○	○	
夜間訪問	介護福祉士60%以上又は勤続10年以上介護福祉士25%以上	介護福祉士40%以上又は介護福祉士、実務者研修修了者、基礎研修修了者が60%以上	以下のいずれかを満たす。 イ 介護福祉士30%以上又は介護福祉士、実務者研修修了者、基礎研修修了者が50%以上 ロ 勤続7年以上30%以上		○	○	
小多機看多機	介護福祉士70%以上又は勤続10年以上介護福祉士25%以上	介護福祉士50%以上	以下のいずれかを満たす。 イ 介護福祉士40%以上 ロ 常勤職員60%以上 ハ 勤続7年以上30%以上		○		○
通所介護、通リハ認デイ	介護福祉士70%以上又は勤続10年以上介護福祉士25%以上	介護福祉士50%以上	以下のいずれかを満たす。 イ 介護福祉士40%以上 ロ 勤続7年以上30%以上				○
特定施設認知症GH	介護福祉士70%以上又は勤続10年以上介護福祉士25%以上	介護福祉士60%以上	以下のいずれかを満たす。 イ 介護福祉士50%以上 ロ 常勤職員75%以上 ハ 勤続7年以上30%以上	※特定(Ⅰのみ)			○
短期入所、特養、老健、療養型医療院	介護福祉士80%以上又は勤続10年以上介護福祉士35%以上	介護福祉士60%以上	以下のいずれかを満たす。 イ 介護福祉士50%以上 ロ 常勤職員75%以上 ハ 2勤1続7年以上30%以上	※(Ⅰのみ)			○

処遇改善加算で求められる項目と同趣旨の要件等は廃止を検討

（4）中山間地域等提供加算

1.「特別地域」に所在する事業所の15％加算

　対象となるサービスは、訪問介護、訪問入浴介護、訪問看護、訪問リハビリテーション、居宅療養管理指導（以上、介護予防を含む）、居宅介護支援です。

　福祉用具貸与（介護予防を含む）の場合は、交通費相当額を事業所の所在地に適用される1単位の単価で除した単位数を加算します（個々の用具ごとに福祉用具貸与費の100分の100が限度）。

2.「中山間地域等」に所在する「小規模事業所」の10％加算

　対象となるサービスは、訪問介護、訪問入浴介護、訪問看護、（以上、介護予防を含む）、居宅介護支援などです。

　小規模事業所においては、次のとおりとなります。

- ・訪問介護…訪問回数が200回以下／月
- ・訪問入浴介護…訪問回数が20回以下／月
- ・介護予防訪問入浴介護…訪問回数が5回以下／月
- ・訪問看護…訪問回数が100回以下／月
- ・介護予防訪問看護…訪問回数が10回以下／月
- ・訪問リハビリテーション…訪問回数が30回以下／月
- ・介護予防訪問リハビリテーション…訪問回数が10回以下／月
- ・居宅療養管理指導…訪問回数が50回以下／月
- ・介護予防訪問看護…訪問回数が5回以下／月
- ・居宅介護支援…訪問回数が200回以下／月

　福祉用具貸与費（介護予防を含む）は、交通費相当額の3分の2に相当する額を事業所所在地に適用される1単位の単価で除した単位数を加算します（個々の用具ごとに福祉用具貸与費の3分の2が限度）。

3.「通常の事業の実施地域」を越えて、「中山間地域等」に居住する者にサービス提供した事業所の5％加算

　対象となるサービスは、訪問介護、訪問入浴介護、訪問看護、訪問リハビリテーション、居宅療養管理指導、通所介護、通所リハビリテーション（以上、介護予防を含む）、小規模多機能型居宅介護、居宅介

護支援です。

　福祉用具貸与費（介護予防を含む）の場合は、交通費相当額の3分の1に相当する額を事業所所在地に適用される1単位の単価で除した単位数を加算（個々の用具ごとに福祉用具貸与費の3分の1が限度）。

（5）身体拘束廃止未実施減算

　介護保険施設（介護老人福祉施設・介護療養型医療施設、介護医療院、介護老人保健施設）、特定施設入居者生活介護、地域密着型介護老人福祉施設入所者生活介護、地域密着型認知症対応型共同生活介護、地域密着型特定施設入居者生活介護において、身体的拘束の適正化のための対策を検討する委員会を3カ月1回以上開催し、身体的拘束適正化のための指針を整備し、身体的拘束適正化のための定期的な研修を実施していないなどの厚生労働大臣が定める基準を満たさない場合は、身体拘束廃止未実施減算として、1日につき基本報酬の10％を所定単位数から減算します。

　身体拘束廃止未実施減算については、施設において身体拘束等が行われていた場合ではなく、身体拘束等を行う場合の記録を行っていない場合に、入所者全員について所定単位数から減算します。この事実が生じた場合、速やかに改善計画を都道府県知事に提出した後、事実が生じた月から3カ月後に改善計画に基づく改善状況を都道府県知事に報告することとし、事実が生じた月の翌月から改善が認められた月までの間について、入所者全員について所定単位数から減算することとします。

（6）同一建物減算

1）訪問サービスの事業所と同一敷地内または隣接する敷地内に所在する建物

　1人からその月の請求額から10％を減算します。その対象となる建物は有料老人ホーム等（養護老人ホーム、軽費老人ホーム、有料老人ホーム、サービス付き高齢者向け住宅）、その他すべての建物です。

構造上や外見上で一体の建築で一階部分に訪問サービス事業所が有る場合や、同一の敷地内もしくは道路を挟んで隣接する敷地に複数の建物が建てられている場合で、移動距離が短いなど効率的なサービス提供が可能な別棟の建物を含みます。また、渡り廊下で繋がっている場合や訪問サービス事業所と有料老人ホームが狭い道路を挟んで設置している場合も該当します。

2）1）以外の範囲に所在する建物に居住する利用者の人数が1カ月あたり20人以上の場合

　その月の請求額から10％を減額します。1）の要件に該当する建物以外の建物が該当しますが、同一敷地内の別棟の建物や道路を挟んで隣接する建物の利用者を合算するものではありません。この場合の利用者の人数は1カ月の平均を用います。計算式は、1日ごとの利用者（その日にサービス利用の無い者を含む）合計÷日数（小数点以下切り捨て）となり、その人数には、総合事業の訪問介護、通所介護を含みます。

　1）2）ともに建物の運営と事業の運営が別であっても適用されます。

3）1）の建物のうち居住する利用者の人数が1カ月あたり50人以上の場合、15％を減算します。

4）定期巡回・随時対応型訪問介護看護

　1カ月600単位を減額します。事業所と同一敷地内または隣接する敷地内に所在する建物に併設される場合に減算します。

　また、事業所と同一敷地内または隣接する敷地内に所在する建物に居住する利用者の人数が1カ月あたり50人以上の場合、1カ月900単位を減算します。

5）通所サービス

　1日94単位を減算します。同一建物に居住する利用者や同一建物から通う利用者が該当します。建物の一階部分に事業所が有る場合や渡り廊下で繋がっている場合が該当し、同一敷地内の別棟の建物や隣接の建物は対象にはなりません。いわゆるお泊まりデイサービスも対象となります。

（7）送迎減算

　片道につき47単位、往復で94単位の減算となります。通所介護、通所リハビリテーション、認知症対応型通所介護において、利用者が自宅と事業所が近いなどの理由で自ら通う場合や利用者の家族などが送迎を行う場合など、事業者が送迎を実施していない場合は、片道につき減算の対象となります。ただし、同一建物減算の対象となって居る場合には、対象とはなりません。

20 他のサービスとの併用規定

1 他のサービスとの併用規定

　特定施設入居者生活介護または認知症対応型共同生活介護もしくは地域密着型特定施設入居者生活介護を受けている場合は、その他の指定居宅サービスまたは指定地域密着型サービスの介護報酬（居宅療養管理指導費を除く）は算定できません。ただし、特定施設入居者生活介護または認知症対応型共同生活介護の提供に必要がある場合に、その事業者の費用負担により、その利用者に対してその他の居宅サービスまたは地域密着型サービスを利用させることは差し支えないとされています。

　短期入所生活介護または短期入所療養介護を受けている利用者は、訪問介護費、訪問入浴介護費、訪問看護費、訪問リハビリテーション費、通所介護費および通所リハビリテーション費並びに夜間対応型訪問介護費、認知症対応型通所介護費、小規模多機能型居宅介護費および看護小規模多機能型居宅介護費は算定できません。また、同一時間帯に通所サービスと訪問サービスを利用した場合は、訪問サービスの所定単位数は算定できません。例えば、利用者が通所サービスを受けている時間帯に本人不在の居宅を訪問して掃除等を行うことについては、訪問介護の生活援助として行う場合は本人の安否確認・健康チェック等も合わせて行うべきものであることから、訪問介護（生活援助が中心の場合）の所定単位数は算定できないこととなります。なお、福祉用具貸与費については、短期入所生活介護または短期入所療養介護を受けている者についても算定が可能です。

2 施設入所日および退所日等における居宅サービスの算定

　介護老人保健施設および介護療養型医療施設の退所(退院)日または短期入所療養介護のサービス終了日(退所・退院日)については、訪問看護費、訪問リハビリテーション費、居宅療養管理指導費および通所リハビリテーション費は算定できません。訪問介護等の福祉系サービスは別に算定できますが、施設サービスや短期入所サービスでも機能訓練やリハビリテーションを行えるため、退所(退院)日に通所介護サービスを機械的に組み込むといった居宅サービス計画は適正でないとされています。

　また、入所当日であっても入所前に利用する訪問通所サービスは別に算定できることになっていますが、入所前に通所介護または通所リハビリテーションを機械的に組み込むといった居宅サービス計画は適正でないため実地指導で指導対象とされます。

　施設入所者が外泊または介護保健施設もしくは経過的介護療養型医療施設の試行的退所を行っている場合は、外泊時または試行的退所時に居宅サービスは算定できません。

3 同一時間帯に複数種類の訪問サービスを利用

　同一時間帯に1つの訪問サービスを利用することが原則となりますが、訪問介護と訪問看護、または訪問介護と訪問リハビリテーションを同一利用者が同一時間帯に利用する場合は、利用者の心身の状況や介護の内容に応じて、同一時間帯に利用することが介護のために必要であると認められる場合に限って、それぞれのサービスについてそれぞれの所定単位数が算定されます。

　例えば、家庭の浴槽で入浴介助をする場合に、適切なアセスメント

を通じて、利用者の心身の状況や介護の内容から同一時間帯に訪問看護を利用することが必要であると判断され、30分以上1時間未満の訪問介護（身体介護中心）と訪問看護を同一時間帯に利用した場合には、訪問介護については394単位、訪問看護については816単位がそれぞれ算定されることとなります。

4 訪問サービスの行われる利用者の居宅とは

　訪問介護、訪問入浴介護、訪問看護、訪問リハビリテーションは、介護保険法第8条において、要介護者の居宅において行われるものとされており、要介護者の居宅以外で行われるものは算定できません。訪問介護の通院・外出介助については要介護者の居宅以外でもサービス提供が行われますが、これは居宅において行われる目的地（病院等）に行くための準備を含む一連のサービス行為とみなし得るためです。

　居宅以外において行われるバス等の公共交通機関への乗降、院内の移動等の介助などのサービス行為だけをもってして訪問介護として算定することはできないとされています。

5 認知症高齢者の日常生活自立度の決定方法

　加算の算定要件として、平成5年10月26日老健第135号通知に規定する「認知症高齢者の日常生活自立度」を用いる場合の日常生活自立度の決定に当たっては、医師の判定結果または主治医意見書の判定結果を用いるものとします。

　上記の判定結果は、判定した医師名、判定日とともに、居宅サービス計画または各サービスのサービス計画に記載するものとします。また、主治医意見書とは、「要介護認定等の実施について」（平成21年9月30日老発0930第5号厚生労働省老健局長通知）に基づき、主治医

が記載した同通知中「3 主治医の意見の聴取」に規定する「主治医意見書」中の「3. 心身の状態に関する意見　(1) 日常生活の自立度等について・認知症高齢者の日常生活自立度」欄の記載をいうものとします。なお、複数の判定結果がある場合にあっては、最も新しい判定を用いるものとします。

　なお、医師の判定がない場合および主治医意見書を用いることについて同意が得られていない場合は、「要介護認定等の実施について」に基づき、認定調査員が記入した同通知中「2 (4) 認定調査員」に規定する「認定調査票」の「認定調査票 (基本調査)」7の「認知症高齢者の日常生活自立度」欄の記載を用いるものとします。

21 介護予防・日常生活支援総合事業

介護予防・日常生活支援総合事業の報酬体系は以下の通り。

1 報酬体系

(1) サービス費 (みなし)

　厚生労働省の示した介護予防サービスの報酬体系をそのまま市町村の総合事業の報酬とする報酬体系です。加算・減算共にそのままの報酬体系となり、介護職員処遇改善加算も算定できます。

(2) サービス費 (独自)

　市町村が独自に報酬体系を定める場合の報酬区分です。ただし、市町村が独自に定めることができる報酬は限定され、基本報酬と一部の加算が独自報酬の対象となります。介護職員処遇改善加算は独自に定めることはできません。

(3) サービス費 (独自/定率) (独自/定額)

　算定構造は市町村が定めます。報酬は1回あたりの単位で定めることができますが、月の総額は月額包括報酬の単位が上限となり、それを超えて算定することはできません。

(4) 介護予防ケアマネジメント

　介護予防ケアマネジメント費、初回加算、介護予防小規模多機能型居宅介護事業所連携加算を市町村が定める単位数で算定します。その

　　　　対象者は、要支援1・2、および事業対象者です。

次の文章で正しいものに○、誤っているものに×
をつけなさい。

①通所介護における入浴介助加算では、直接の身体的な介助を行わず声掛けと
　見守りのみを行った場合でも加算の対象となる。

②通所リハビリテーション認知症短期集中リハビリテーション実施加算は、退
　院日または通所開始日から起算して3カ月以内の期間に集中的なリハビリ
　テーションを個別に行った場合、リハビリテーションマネジメント加算を算
　定していなくても算定できる。

③訪問看護ターミナルケア加算は、死亡前14日以内に2日以上ターミナルケ
　アを行った場合に加算できる。

④小規模多機能型居宅介護には、市町村独自加算が設定されている。

⑤介護職員処遇改善加算は区分支給限度額の算定対象から除外される。

確 認 問 題

解答 1　①：○　②：×　③：×　④：○　⑤：○

解説 1

①は設問のとおり。

②リハビリテーションマネジメント加算を算定していない場合は算定できない。

③死亡日及び死亡日前14日以内に2日以上行った場合に算定できる。

④市町村長が厚生労働省に市町村独自報酬の算定を行いたい旨の申請をし、厚生労働大臣がその内容を認めた場合に限り、小規模多機能型市町村独自加算が算定できる。

⑤介護職員処遇改善加算は区分支給限度額の算定対象から除外されるため、利用者の限度超過により自費が発生することはない。

第 **4** 章

実地指導において
指摘されやすい項目と対策

1 実地指導とは

1 指導と監査

（1）指導と監査の明確な区分

「指導」は、介護サービス事業者等の育成・支援を目的として行われるものです。「監査」は、各種情報により指定基準違反が疑われ実地検査の必要があると認められた場合に行われます。

（2）指導の実施方法

1．集団指導

「集団指導」は介護事業者を1カ所の会場に集めて行われます。指定事務の制度説明、改正介護保険法の趣旨・目的の周知および理解の促進、介護報酬請求に係る過誤・不正防止の観点から適正な請求事務指導など、制度管理の適正化を図ることを目的として行われます。

2．実地指導

「実地指導」は、介護サービス事業者等の所在地に出向いて行われ、事業所に保管されている関係書類をもとにして実地に指導を行うものです。「サービスの質の確保と向上」「尊厳の保持」および「高齢者虐待防止法の趣旨」、適正な介護報酬請求等を踏まえて1日または半日で数人の担当官により行われます。通常は1カ所から2週間前に指導日時等の事前通知が行われます。実地指導終了後1～2週間程度で実地指導結果通知書が送付されます。通知書に記載されている改善項目は、通常は1カ所以内に改善を行って、改善報告書を役所に提出します。なお、実地指導の際に著しい運営基準違反が認められ、利用者の生命

の危険がある場合、または報酬請求指導の際に不正が確認され著しく悪質な請求と認められる場合には監査に変更されます。実地指導の内容には大きく分けて「運営指導」と「報酬請求指導」があります。

1）運営指導

　高齢者虐待防止、身体拘束禁止等の観点から指導を行うとともに、利用者ごとの個別ケアプランに基づいたサービス提供を含む一連のケアマネジメントプロセスについて、ヒアリングと書類記録の確認を行います。生活支援のためのアセスメントとケアプランの作成等が適切に行われ、個別ケアの推進によって尊厳のある生活支援の実現に向けたサービスの質の確保・向上が図られるよう、運営上の指導を行います。

2）報酬請求指導

　各種加算等について、報酬基準等に基づき必要な体制が確保されているか、個別ケアプランに基づきサービス提供がされているか、他職種との協働は行われているかなど届け出た加算等に基づいた運営が適切に実施されているかをヒアリングし、書類記録の確認を行います。請求の不適正な取扱いについて是正を指導します。

（3）監査等の実施方法

1. 監査

　入手した各種情報が人員、設備および運営基準等の指定基準違反であると認められる場合、またはその疑いがあると認められる場合に行われます。各種情報は以下のとおりです。

1）通報・苦情・相談等に基づく情報。

2）国民健康保険団体連合会（以下「国保連」）、地域包括支援センター等に寄せられる苦情。

3）国保連・保険者からの通報情報。

4）介護給付費適正化システムの分析から特異傾向を示す事業者。

5）介護サービス情報の公表制度に係る報告の拒否等に関する情報など。

　その結果として報告等、改善勧告、改善命令、指定の効力の全部又は一部停止、指定の取消しなどの行政処分が行われます。

2. 報告等

　介護保険法上で保険者の「立入り」権限の規定が設けられ、超過定員の場合など違法の実態を確実に把握する必要があると認められるときは立入検査が行われます。実地検査等の結果として、指定基準違反に至らない場合で介護事業者に一定程度の改善の必要がある場合には、介護サービス事業者等に対し文書による改善を求め、介護サービス事業者等から文書による改善報告を求めます。

3. 改善勧告

　実地検査等の結果として指定基準違反の事実があり、介護サービス事業者等による改善の可能性を総合的に判断した上で、改善勧告の対象となった指定基準違反に係る項目を明示し適切、妥当な期限を設けて行うことです。

4. 改善命令

　改善勧告によっても指定基準違反の是正がなされない場合に行われます。改善勧告による改善措置の状況に応じて、適宜判断の上、改善の可能性を考慮し、期限を設けて行うものです。

5. 指定の効力の全部又は一部停止

　指定の効力の停止として標準的に考えられるものとして、全サービス共通では新規利用者・入所者へのサービス提供に対する指定の効力の停止、通所・訪問サービス系対象では代替サービスを確保した上での一定期間に限った指定の効力の停止（全部停止）、居宅介護支援で不適切なケアプランを作成しているケアマネジャーのみに対する指定の効力の停止などがあります。

6. 指定の取り消し

　基本的には改善命令や指定の効力の停止の措置を取っても是正されない場合であって、介護保険給付上、引き続き指定を行うことが制度上看過できない場合に行われます。指定の申請時点からの基準違反の場合については、改善勧告、改善命令、指定の効力の停止等を経ることなく、指定の取消し処分を行うことも考えられます。

　2018（平成30）年3月6日、高齢者保健福祉担当課長会議において、

2000（平成12）年度から2019（令和元）年度の20年間で指定の取り消し処分とされた介護事業者の総数が2,748事業所に上ることが明らかにされました。

図表4-1●過去17年間の指定取り消し件数

年度	2000	2001	2002	2003	2004	2005	2006	2007	2008	2009	2010	2011	2012	2013	2014	2015	2016	2017	2018	2019
件数	7	29	90	105	81	96	73	97	116	82	103	80	63	109	97	119	141	169	79	78

総取り消し件数　1,488事業所

出所：2021年3月9日　全国介護保険・高齢者保健福祉担当課長会議資料より

図表4-2●2019年度 取り消し事由

※1件に対し複数の取り消し事由あり 　2019年の取り消し総数　78	
介護給付費の請求に関して不正	45
帳簿書類の提出命令等に従わず、または虚偽の報告	24
介護保険法その他等に基づく命令に違反	13
不正の手段により指定	19
設備および運営に関する基準	12
人員基準違反	7
質問に対し虚偽の答弁をし、または検査を拒んだ	9
要介護者の人格を尊重する義務に違反	4
その他	24

出所：2021年3月9日　全国介護保険・高齢者保健福祉担当課長会議資料より

2 ローカルルール

1 自治体の行う指導監督について

　介護保険法（保険者）第３条「市町村及び特別区は、この法律の定めるところにより、介護保険を行うものとする」の条文は、介護保険法の地方分権での制度推進を定めたものです。国がつくった法律の運用を市町村が行うという地方分権制度の結果として、介護保険法の運用上でさまざまなローカルルールを存在させることとなりました。

　介護保険法のしくみは、市町村の判断で自由な制度設計ができるシステムとなっています。市町村の判断で標準給付を超えた額に給付額を設定できたり、独自に法定外サービスを追加したりすることもできます。また、介護保険に一般財源の投入を行うことや一部給付制限を行うこともできます。１号保険料負担は市町村の裁量に委任されています。

　介護保険法は、基本部分のサービスを保障する一定標準であり、地域の福祉資源を組み合わせて地域が選択する地域ごとの最適状態を構築するシステムとなっています。そのために保険者は市町村となります。しかし一方で介護事業者に対する行政指導等に関しては、このローカルルールがあまり適正とはいえない状況になっているという現実があります。例えば、保険者ごとに介護保険法、省令、通知などの運用に関するＱ＆Ａが存在し、実地指導等においても、その指導内容に地域差が生じています。Ａ市で認められていることが、隣のＢ市では認められないということが現実に起こっています。

　2008（平成20）年２月27日に開かれた厚生労働省「全国担当課長

会議」において、厚生労働省側から都道府県と市町村の実地指導担当者に対して、「現行の指導監督の最大の問題点は、自治体や指導担当者による『ばらつき』である。本来の『指導』とは、規準違反や不正請求などを疑う監査とは異なり、利用者本位の立場からより良いケアの実現に向け、事業者のサービスの質の向上、育成を第1目的に、介護保険法第23、24条に基づき実施すべきものである。ところが自治体や担当者には、この理解が不十分なまま、法令を過度に厳格に捉えたり、介護報酬の返還のみに偏ったりしている現状が見受けられる。都道府県、市町村は事業者に法令遵守を訴える立場を自覚し、自らが法に基づいた適切な指導監督を実施すべきである」との指摘がなされました。これは、指導と監査の混同が現場サイドで行われていることを指摘したものです。

　行政サイドの指導が100％正しいということはないのです。介護事業者は行政側の指導や発言に盲目的に従うばかりではなく、自ら制度を学ぶことが必要です。納得できない行政の指導や発言には必ず根拠を確認することが大切です。それらの指摘に対して自らも法律等の根拠を明確にして発言、確認、意見することが求められています。

3 実地指導での指摘実例①

1 居宅サービス

（1）訪問介護

1．提供したサービス（身体介護、生活援助）と請求内容の相違

指摘：ケアプランと訪問介護計画、実際のサービス提供記録が一致していない。

指導内容：訪問介護計画では掃除、洗濯のサービスを週2回行うこととなっているが、ケアプランでは掃除のみ週1回となっていた。

　　　　　また、実際に掃除、洗濯を週2回実施しているケアプランが作成されている場合は、その計画に沿ったサービス提供をしなければならない。

　　　　　訪問介護の提供に当たっては、訪問介護計画に基づき、利用者が日常生活を営むのに必要な援助を行う。

　　　　　訪問介護計画は、ケアプランが作成されている場合は、ケアプランの内容に沿って作成しなければならない。ケアプラン、訪問介護計画に位置付けられていないサービスの提供は認められず、その提供時間分の介護報酬は返還対象となる。

2．保険対象外サービスの提供

指摘：通院介助で、待ち時間を含めてかかった時間のすべてを請求している。

指導内容：院内介助にあっては、原則として病院のスタッフが行う

べきである。例外的に病院のスタッフが対応することができない場合で、利用者が介護を必要とする心身の状態であることなど、ケアマネジャーがケアプランに必要性を位置付けて実施する場合で、主治医等の意見を踏まえ、サービス担当者会議で協議が行われている場合については算定できる。院内介助でのサービスの提供は認められず、院内介助の提供時間分の介護報酬は返還対象となる。

（2）通所介護

1. 機能訓練指導員未配置等による個別機能訓練加算の算定要件の不足

●ケース１

指摘：機能訓練指導員が２名でない日についても算定。

指導内容：個別機能訓練加算（I）　の算定に当たっては、通常の配置に加えて通所介護を行う時間帯を通じて、専従の機能訓練指導員の職務に従事する理学療法士等の配置が必要である。１名配置の日は、個別機能訓練加算（I）　の算定はできずに介護報酬は返還対象となる。

●ケース２

指摘：機能訓練指導員が休みの日に、介護職員がサービス提供したとして算定。

指導内容：専ら機能訓練指導員の職務に従事する理学療法士等を特定の曜日だけ配置している場合は、その曜日におけるサービスのみが個別機能訓練加算の対象となる。理学療法士等が配置される曜日はあらかじめ定められ、利用者や居宅介護支援事業者に周知されている必要がある。機能訓練指導員の配置されない日に請求された介護報酬は返還対象となる。

2. サービス提供時間の不足による報酬請求区分誤り

指摘：予約していた医療機関受診のため、６時間の通所介護を行った利用者について、７時間以上８時間未満で請求していた。

指導内容：通所介護計画上、7時間以上8時間未満の通所介護を行っている場合について、当日の利用者の心身の状況から、6時間の通所介護を行った場合には、7時間以上8時間未満の通所介護の単位数を算定できるとされている。当初の通所介護計画に位置付けられた時間よりも大きく短縮した場合は、当初の通所介護計画を変更し、再作成するべきであり、変更後の所要時間に応じた所定単位数を算定しなければならない。この場合も7時間以上8時間未満の通所介護計画を作成した上で、6時間以上7時間未満の請求を行わないといけない。この場合の介護報酬は返還対象となる。

（3）通所リハビリテーション

1．リハビリテーションマネジメント加算の回数不足

指摘：月に4回以上通所していない利用者について加算算定していた。

指導内容：リハビリテーションマネジメント加算は、1カ所に4回以上通所している場合に、1カ所に1回算定することとなっている。算定要件に従わない請求は認められず介護報酬は返還対象となる。

4 実地指導での指摘実例②

1 施設サービス

(1) 介護老人保健施設 (老健)

1. 従来型個室利用者を多床室利用とした報酬請求区分誤り

指摘：従来型個室の入所者について、報酬告示に定める要件に該当しないにもかかわらず、多床室の報酬を算定していた。

指導内容：個室入居者を多床室で算定する場合の要件は①感染症等により、従来型個室への入所が必要であると医師が判断した者であって、従来型個室への入所期間が30日以内である者、②居室の面積が一定以下の従来型個室に入所する者、③著しい精神症状等により、同室の他の入所者の心身の状況に重大な影響を及ぼすおそれがあるとして、従来型個室への入所が必要であると医師が判断した者、との規定がある。この規定以外での個室利用者を多床室での請求は認められず、介護報酬は返還対象となる。

(2) 介護老人福祉施設 (特養)

1. 個別機能訓練加算の算定誤り

指摘：他職種協働により個別機能訓練計画を作成していないまま算定していた。

指導内容：個別機能訓練を行うに当たっては、機能訓練指導員、看護職員、介護職員、生活相談員その他の職種の者が協働して、利用者ごとにその目標、実施方法等を内容とする

個別機能訓練計画を作成し、これに基づき計画的に行った機能訓練について算定することが求められる。加算要件を満たさないために介護報酬は返還対象となる。

指摘：個別機能訓練に関する計画がない利用者にも、加算を算定していた。

指導内容：個別機能訓練加算については、単に体制があるだけではなく、個別に計画を作成するなどのプロセスを評価するものとしたとされている。入所者の同意が得られない場合には算定できないために介護報酬は返還対象となる。

（3）居宅介護支援

1. 退院・退所加算の算定誤り

指摘：退院・退所後、居宅サービス計画を作成（変更）していなかった。

指導内容：退院・退所加算は、利用者が病院および介護保険施設等の退院または退所に当たって、病院および介護保険施設等の職員と面談を行い、利用者に関する必要な情報の提供を得た上で、居宅サービス計画を作成し、居宅サービスまたは地域密着型サービスの利用に関する調整を行った場合に算定するものであり、居宅サービス計画を作成（変更）していないものは不適切となり介護報酬は返還対象となる。

2. 医療連携加算の算定誤り

指摘：利用者が退院する際に算定していた。

指導内容：医療連携加算は、利用者が病院または診療所に入院するに当たって、病院または診療所の職員に対して、当該利用者の心身の状況や生活環境等の当該利用者に係る必要な情報を提供した場合に算定される。退院する際には算定できずに介護報酬は返還対象となる。

問題 1　以下の文章の（　）に、選択肢の適切な言葉を記入しなさい。

（1）「（①）」は、介護サービス事業者等の育成・支援を目的として行われる。
　　「（②）」は、各種情報により指定基準違反が疑われ実地検査の必要があると
　　認められた場合に行われる。

（2）実地検査等の結果として指定基準違反の事実があり、介護サービス事業者
　　等による改善の可能性を総合的に判断した上で、対象となった指定基準違
　　反に係る項目を明示し適切、妥当な期限を設けて行うことを（③）という。
　　（③）によっても指定基準違反の是正がなされない場合には、（④）が行われ
　　る。

解答
1

①：指導　②：監査　③：改善勧告　④：改善命令

解説
1

(1)「指導」は、介護サービス事業者等の育成・支援を目的として行われる。「監査」は、各種情報により指定基準違反が疑われ実地検査の必要があると認められた場合に行われる。

(2)実地検査等の結果として指定基準違反の事実があり、介護サービス事業者等による改善の可能性を総合的に判断した上で、対象となった指定基準違反に係る項目を明示し適切、妥当な期限を設けて行うことを(改善勧告)という。(改善勧告)によっても指定基準違反の是正がなされない場合には、(改善命令)が行われる。

介護保険法 (平成9年法律第123号)

介護保険法施行令 (平成10年政令第412号)

介護保険法施行規則 (平成11年厚生省令第36号)

介護給付費及び公費負担医療等に関する費用の請求に関する省令 (平成12年3月7日厚生省令第20号)

指定居宅サービスに要する費用の額の算定に関する基準 (平成12年2月10日厚生省告示第19号)

指定居宅介護支援に要する費用の額の算定に関する基準 (平成12年厚生省告示第20号)

指定居宅サービスに要する費用の額の算定に関する基準 (訪問通所サービス、居宅療養管理指導及び福祉用具貸与に係る部分) 及び指定居宅介護支援に要する費用の額の算定に関する基準の制定に伴う実施上の留意事項について (平成12年老企第36号)

指定介護予防サービスに要する費用の額の算定に関する基準 (平成18年厚生労働省告示第127号)

指定介護予防サービスに要する費用の額の算定に関する基準の制定に伴う実施上の留意事項について (平成18年3月17日老計発第0317001号・老振発第0317001号・老老発第0317001号)

厚生労働大臣が定める施設基準 (平成12年2月10日厚生省告示第26号)

厚生労働大臣が定める利用者等の数の基準及び看護職員等の員数の基準並びに通所介護費等の算定方法 (平成12年2月10日厚生省告示第27号)

厚生労働大臣が定める基準 (平成12年厚生省告示第25号・37)

厚生労働大臣が定める基準に適合する場合 (平成12年厚生省告示第23号・52)

指定居宅サービス事業者等による介護給付費の割引の取扱いについて (平成12年3月1日老企第39号)

訪問介護におけるサービス行為ごとの区分等について (平成12年3月17日老計10号)

指定訪問介護事業所の事業運営の取扱い等について (平成12年11月16日老振76号)

介護サービス事業者等と利用者の間で作成する契約書及び介護サービス事業者等が発行する領収証に係る印紙税の取扱いについて (平成12年3月に厚労省事務連絡)

障害者自立支援法に基づく自立支援給付と介護保険制度との適用関係等について (平成19年3月28日障企発第0328002号／障障発第0328002号)

厚労省Q&A

保険者Q&A

介護保険施設等実地指導マニュアル 厚生労働省

平成22年度集団指導資料 (北海道) (兵庫県) (新潟県)

平成23年度集団指導資料 (北海道) (杉並区) (三重県) (大阪府) (佐賀県) (熊本県)

全国介護保障・高齢者保健福祉担当課長会議資料 (令和3年3月9日)

● 著者

小濱道博(こはま・みちひろ)

1958(昭和33)年、札幌市生まれ。北海学園大学卒業後、札幌市内の会計事務所に勤務。2000(平成12)年に退職後、介護事業コンサルティングとして独立。介護事業コンサルティングのクライアントおよび支援先は全国に及ぶ。全国の介護事業者を対象に年間250件以上のセミナーを開催しており、全国の介護保険課、各協会、社会福祉協議会、介護労働安定センター、大手企業等主催の講師実績も多数。現在小濱介護経営事務所代表、C-SR一般社団法人医療介護経営研究会専攻理事、C-MAS介護事業経営研究会最高顧問。

介護福祉経営士テキスト　基礎編Ⅱ-2　第4版
介護報酬制度／介護報酬請求事務
基礎知識の習得から実践に向けて

2012年7月20日　第1版第1刷発行
2015年8月20日　第2版第1刷発行
2018年7月25日　第3版第1刷発行
2021年9月 1 日　第4版第1刷発行

著　者　小濱道博
監　修　一般社団法人日本介護福祉経営人材教育協会
発行者　林　諄
発行所　株式会社　日本医療企画
　　　　〒104-0032　東京都中央区八丁堀3-20-5　S-GATE八丁堀
　　　　TEL. 03-3553-2861（代）　http://www.jmp.co.jp
　　　　「介護福祉経営士」専用ページ　http://www.jmp.co.jp/kaigofukushikeiei/
印刷所　大日本印刷株式会社

これからの介護・福祉事業を担う経営"人財"

介護福祉経営士テキスト　シリーズ 全 21 巻

監修
一般社団法人日本介護福祉経営人材教育協会

【基礎編Ⅰ】テキスト（全 6 巻）

【基礎編Ⅱ】テキスト（全 4 巻）

【実践編Ⅰ】テキスト（全 4 巻）

【実践編Ⅱ】テキスト（全 7 巻）

※タイトル等は一部予告なく変更する可能性がございます。